JN099142

土地家屋調査士になりたいと思ったらはじめに読む本

LEC東京リーガルマインド専任講師

木村真弓

著

中央経済社

はじめに

「土地家屋調査士という資格の魅力をもっと知ってもらいたい！」

　平成16年に土地家屋調査士試験に合格し，平成24年から資格予備校 LEC にて講師業に携わっていますが，ずっとその思いを抱き続けています。そもそもの認知度が低い上に，測量士や司法書士と混同されている方や，女性や年輩者には無理な，力仕事をする資格だと思われている方が多いのが実情です。

　資格の魅力を伝えるため，SNS での発信も始めました。SNS を見て「こんな仕事があったんだ！」と受講相談に来て申し込みをしてくれた受講生もいます。

　だからこそ，同じ LEC の司法書士の福島崇弘氏から中央経済社を紹介してもらい，出版の話があったとき，私に断る選択肢はありませんでした。

　1人でも多くの方に本書を読んでいただき，資格を知っていただければと考えています。そして，目指す方が増え，業界全体の盛り上がりにつながればいいなと密かに思っています。

　予備校講師が言うと宣伝くさく思われるかもしれませんが，コスパがよくて，社会貢献にもなり，さらに，AI 化でも淘汰されない将来性を持った本当に魅力的な資格なんですよ !!

　「コスパのよい」「社会貢献」「AI 化でも淘汰されない将来性」については，本編で書きました。気になるとは思いますが，そちらをお読みいただければと思います。

　ここでは，皆さんが気になっている土地家屋調査士という資格を取得したらどのような世界が待っているのか，この業界のことについて書きたいと思います。

　さて，土地家屋調査士という資格は基本的には独立開業のための資格です。合格すると，個人で事務所を開業する方が多いです（調査士法人の社員になるという選択肢もありますが）。

未経験で実務なんてできるの？

　当然そう不安になりますよね。

　「技術だけ教えてください，覚えたら独立します」などと都合のいいことを言う人

を受け入れて修業させてくれる事務所なんて，世間一般的には存在し難いように思うでしょう。

大丈夫です！
土地家屋調査士業界は**横のつながりがとても強い業界**なんです。

若手が育つことは最終的には業界全体が盛り上がることにつながると考えている先輩がたくさんいます。日調連（日本土地家屋調査士会連合会）はさまざまな研修を行っていますし，若手の土地家屋調査士で構成される青調会（青年土地家屋調査士会）では，測量機器やCADに触れられるイベントを独自に開催していたりします。

SNSを見ていても，若手調査士や補助者，さらには受験生がつぶやいた業務の内容に，先輩が親身になって答えているのをよく見かけます。SNS上で希望者を募って測量体験を実施している方もいました。「今後のライバルに対してこんなに優しい業界ある？」というコメントがあったくらいです。とにかく面倒見の良い先輩が多いのです。

私のような予備校講師にも，「実務を見せてあげたい」と惜しみなく仕事を教えてくださる大先輩がいます。
大先輩は，少年のように語ります。
「土地家屋調査士はかっこいい資格だ。作業服を着て傍から見たら汚れ仕事に見えるかもしれないが，依頼者のために力仕事から数センチに気を遣う細かい仕事まですべて自分の腕でやる。これは土地家屋調査士という資格者だからできることであり，土地家屋調査士という資格者でなければできない仕事なんだ。だから適当な仕事なんて絶対にできない」

「この人のもとで学べる私はなんて幸せ者なんだ……」と思います。でも，私が特別待遇なのではなく，先輩に業務の醍醐味を教えてもらえる「幸せ者」がこの業界にはたくさんいるのです！　だからこそ，この土地家屋調査士という資格を皆さんに知ってもらいたいという思いが強くなるのかもしれませんね。

本書の執筆にあたっても，「この資格の魅力をよりリアルに伝えたい」と相談したところ，すぐに5人の実務家が結集してくれました。石川氏，石垣氏，島野氏，菅井氏，豊田氏には，この場を借りてお礼を申し上げたいと思います。また，合格体験記を寄せてくれた，中村氏，永野氏，藤田氏にも感謝申し上げます。

最後に。仙台の鈴木修氏，先生なくして本書は完結しませんでした。日本土地家屋調査士会連合会の理事や宮城県土地家屋調査士会の会長などさまざまな要職を歴任された，この業界にはなくてはならない方です。多忙な業務の中，個人として若手の調査士や実務経験のない合格者たちの相談に乗りアドバイスをする等，後進の育成にも尽力されています。

　今回，出版することをお話ししたところ，「土地家屋調査士業界を盛り上げたいと思うゴール地点は同じだから一緒に頑張りましょう」と，合格者や受験生へのエールを「あとがき」としてお寄せくださいました。土地家屋調査士になりたい，そして資格を取って活躍したいと思わせてくれる力強いエールです！

　この業界には素晴らしい先輩がたくさん待っています。

　20代，30代はもちろん，40代で開業される方も多いです。性別や年齢で躊躇する必要はありません。

　ぜひ本書をきっかけに，土地家屋調査士の世界への扉を開いていただけたら，と思います！

2023年春

木村　真弓

もくじ

第 **0** 章

\知りたい！/
土地家屋調査士
の仕事のリアル

土地家屋調査士の存在と
仕事の重要性を皆さんに広げたい

石川　温彦 (Haruhiko　Ishikawa)

▶合格年次：平成 14 年（登録平成 17 年）
▶開業年次：平成 17 年
▶業務形態：行政書士（妻）との合同事務所，
　アルバイト複数名
▶前職経歴：不動産会社社員
▶事務所概要：石川土地家屋調査士・行政書士・
　海事代理士事務所（東京都足立区）

PROFILE

　東京都足立区にて平成17年より石川土地家屋調査士・行政書士・海事代理士
事務所を経営。現在開業19年目。海事代理士資格も保有。妻は行政書士。「土地
家屋調査士はるえもん」として YouTube 等でも調査士業務の事や土地の境界
に関する事に関して発信している。

不動産のプロになりたい

　新卒で不動産会社に入社し，土地家屋調査士という資格の存在を初めて
知りました。土地の売買契約を行うに際して，土地の境界を確認する必要
があるという話の中で，「土地家屋調査士さんに土地の境界確認をお願い
している」とか，「土地分筆登記を，お願いしている」という話を上司が
しているのを耳にしたのです。
　学生時代に宅地建物取引士の資格を取得していて，「不動産に関しての
プロフェッショナルになりたい」と思っていたので，特別な知識や技術を

必要とするこの資格にとても魅力を感じ，取得を決意しました。

アルバイトしながら3度目の試験で合格後，補助者として修業

　決意したのは24歳ごろです。常に仕事をサボろうとする同僚や上司に嫌気がさしていたこともあり，一旦不動産会社を退職しました。そして，父が経営する建設会社で型枠大工職人としてアルバイトをしながら，資格取得の専門校に通って測量士補を取得しました。

　その後，また都内の土地家屋調査士事務所で補助者をしたり，その他のアルバイトをしたりしながら土地家屋調査士資格取得のための勉強を続け，3度目の試験にて合格しました。

　合格後は，埼玉県内にある土地家屋調査士事務所で修業をさせてもらいました。所長1人，補助者私1人体制でしたが，今から20年以上も前ということもあり，給料が安かったです。自販機でお茶を買ったり，お昼にお弁当を買ったりするのも躊躇するような金額で，自宅に一旦戻って，白米に納豆で食べていました。子どもが生まれることになり収入面を考えて，2年半ほどで独立しました。

行政書士の妻と開業，ゼロからのスタートでネット集客に注力

　不動産会社時代に出会った妻が行政書士の資格を取得していたので，一緒に開業しましたが，当然2人とも顧客ゼロからのスタートでした。

　まずは自分の両親や親族の伝手を頼りに，建築関係や不動産関係の会社に挨拶に行きました。その時からのご縁で，今も懇意にしていただいている工務店，建設会社，不動産会社があります。

　ネットを利用した集客にも注力しました。ホームページの作成やブログ

投稿，それに SNS 等を最大限に利用しました。開業後 1 年くらいすると，ホームページを見た人からの問い合せや依頼が来るようになりました。

　YouTube も，12年以上前からチャンネルを運営しています。当初は営業広告的なものをアップしていた程度でしたが，「顔が見える」「人柄がわかる」と好評で，視聴者からの依頼も増えました。

　土地家屋調査士は資格のイメージもつきづらいため，「どんな人が来るのか」という依頼者側の不安を解消できたのがよかったのかもしれません。

▶ You Tube での発信

現在の仕事とやりがい

　現在の仕事は，以下のようなものが中心です。

- ● 土地の境界確認測量
- ● 建物の新築登記申請（建物表題登記の申請）
- ● 取壊しによる建物滅失登記
- ● 既登記建物に関しての増築や一部取壊しなどの建物表題部変更登記申請
- ● 築年の古い未登記建物についての建物表題登記

　ネットからの依頼では，数次の相続を経ているとか，借家人が増改築を繰り返しているとか，築年数が100年近いとか，合体登記，区分建物に関

するものとか，比較的特殊で複雑な内容の案件もあります。

　やりがいを感じるのは，とても困っている方や，心配されている方に必要となる手続きを完遂して大変喜んでもらえる時です。例えば，土地の境界のことでお隣との関係がぎくしゃくしている案件の場合，境界の確認作業を行った際に，「お互いに納得し，安心することができた」と感謝されたりするとうれしいです。また，古い未登記の家屋について申請に必要となるいろいろな資料を集めたり調査を行ったりして建物の登記まで漕ぎつけた時はやり切った感で安堵します。

つらいのは天候が容赦ない時の測量

　逆につらいのは，雪が降り始めるような寒さでも，現場に行って逆打ち測量を行い，境界位置に印を明示しなければならないときなどです。日程的に厳しいときや現場の工事がさしせまっているときなどには，スケジュールの融通が効かないこともあります。

　また，境界（筆界）確認書を取り交わすに際して，隣接地の所有者とコンタクトが取れないときは困ります。

事務所規模は拡大中

　現在，私の事務所は妻である行政書士と，アルバイトの方の4名ほどで事務所を運営しています。実は，昨年末に事務所の拡張工事を行い，事務所面積が以前の2倍になりました。今後はスタッフも増員して，今現在よりも多くの業務を受注し，事務所自体の規模も大きくしていきたいです。

　また，未経験での新規開業者の方向けに，実際の業務の獲得の仕方や業務の行い方，お見積りを作成するうえでの注意点などを，お伝えするための『調査士塾』のようなものも，開設できればいいなと思っています。

行政書士や海事代理士とのシナジーについて

　土地家屋調査士と行政書士資格の組み合わせはシナジー効果が高いです。行政書士が農地の転用手続きを行って土地の地目が変われば，土地家屋調査士が地目変更登記を申請することになります。一連の作業を，ワンストップにて行えるので，不動産会社さん等からは重宝されていると思います。

　また，行政書士における各種の許認可や届出業務においても図面添付を要する業務がとても多いのです。その時に現況の調査計測・測量が専門の土地家屋調査士かつ行政書士との合同事務所の調査士としては必要な記載事項なども把握していますので，要件に見合ったプロフェッショナルな図面を作成することができます。他の行政書士事務所からも，調査計測・測量図面の作成依頼を受けることも多いです。

　海事代理士の業務については，事務所が足立区にあることもあり，業務自体やお問い合わせ・ご依頼の数もとても少ないのが現状です。ただ，お客様が海事代理士の資格について興味を持たれることが多く，その意味では事務所によい効果をもたらしてくれています。

AI 化の中での調査士の仕事について

　土地家屋調査士の仕事は，現場で状況に合わせて測量計画を作らねばなりません。さらに，現地で測量をするときも依頼主や隣接地の人とコミュニケーションをとる必要があります。それぞれの持ち主に土地の状況や成り立ちを細かく理解してもらわねばなりません。境界確認で隣接地の人が「押印したくない」という場合に，AIにできることは何もないのではないかと私は思います。隣同士の人間関係や騒音，ゴミの出し方とかが積み重なって「押印したくない」という結果になっているわけです。

　臨機応変な対応が求められる部分で，AIに代替できるところは少ない資格なのでは，と思います。

調査士の認知度をアップするための発信活動について

　土地家屋調査士は，士業の中でも認知度は決して高くはありません。初めて聞いた，初めて会ったなどと言われることも多いです。発信によって，少しでも認知度が上がればいいなと思っています。以前には測量関係の聖地，国土交通省国土地理院にて「地図と測量のおもしろ塾」という講演を行い，計10回，のべ1,000名様以上のご参加を頂きました。

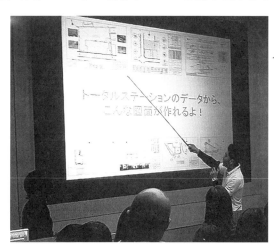

「地図と測量のおもしろ塾」の様子

最近では「調査士男子」や「調査士女子」として全国の土地家屋調査士の方々をフィーチャーする動画を作成して「TikTok」で公開して好評を頂いています。また，土地家屋調査士向け LINE スタンプを制作販売しております。

ちなみに，私は格闘技が趣味で，「8士業護身研究会」というグループ活動もしています。他士業の先生方と体を鍛えながら交流を深める活動をしています。ときにはキックボクシングの練習動画や寝技やボクシングの練習動画などをアップしたりするのですが，意外に評判が良いです。「元気そうでアクティブな感じに好感を持った」との依頼もあり，思わぬブランディングとして機能しました。

Message

　土地家屋調査士という資格・職業は，一般の方々にはまだまだ知られていない部分も多くあります。ですがこの職業は，国民の大切な財産である不動産を守るという意味で非常に重要な仕事になります。

　資格試験も，実務もはっきり言ってとても難しいです。ですが，この資格を取得するためにつらい勉強を行う価値はあります。この仕事に関わってから25年近くになりますが，常に勉強と業務に関する修業が必要ですが，奥深くおもしろいと感じています。何より，皆さんが思っている以上に，実はお金も稼げます。

　これから何か資格取得を目指そうかなと思っている方々に対しては，この『土地家屋調査士』資格は絶対おすすめです！

YouTube チャンネル「土地家屋調査士はるえもん」
はコチラから！

カッコいい土地家屋調査士を目指して仲間と奮闘中！

石垣　駿 (Shun Ishigaki)

▶合格年次：令和1年（登録令和1年）
▶開業年次：令和1年
▶業務形態：開業（個人事業主），従業員3名（2人入所予定）
▶前職経歴：野球で海外留学
▶事務所概要：ハヤオ測量登記事務所（神奈川県藤沢市）

PROFILE

　1991年神奈川県藤沢市生まれ。2010年日本大学入学，2012年カリフォルニア州Santa Ana College 入学。ずっと野球部。2019年，土地家屋調査士登録（神奈川会3104号），ハヤオ測量登記事務所設立。

野球少年が土地家屋調査士になるまで

　小さなころから野球少年でした。プロを目指していて，野球のために米国の大学に留学もしました。しかし，プロの世界は厳しく，手が届きませんでした。「悔いのないところまでは頑張れた」そう思って米国の大学を中退して帰国しました。

　22歳の9月に帰国して，「自分はこれから何をして生きて行くべきか」を考えた時，渡米までさせて自分の野球を応援してくれた父の姿が思い浮かびました。父は土地家屋調査士で，事務所を経営していました。小さいころから「将来土地家屋調査士になって継げるね」と周囲に言われるのには，反発心もありました。

でも，父自身は跡を継ぐように私に無理強いすることはなく，むしろ，野球を好きなだけやらせてくれました。「実績も経験もないけど父と同じ道を目指したい」と素直に思いました。

土地家屋調査士試験に苦戦するものの，諦める選択肢はなかった

まずは，資格学校に入学しました。平日は父の後輩の事務所で補助者として働き，土日は講義を受けるスケジュールでした。1年目は測量士補に合格して午前免除を手にしたものの，そこからが長く，1年目も含めて5回受験しました。

「コツコツやれば受かるな」と思うのですが，元々勉強が苦手だったのでそれがなかなか難しかったです。5回目で合格した時は「諦めなくて本当に良かった」と心からほっとしました。

落ちるたびに「また1年か……」とつらかったですが，「受かったらこうなりたい」という明確なビジョンがあったので，何年かかっても受かるという選択肢しかありませんでした。

「自分の力でやりたい！」 父から離れ独立開業

合格時は27歳でした。すでに補助者期間が5年あり，すぐに登録しました。そして，「自分の力でやりたい！」と父から離れ，顧客ゼロから独立開業しました。

本当にゼロからの開業で，家賃だけが出ていく状況でした。個人事業主として危機感も感じましたが，ちょうど「彼女にプロポーズしたい！」という時期でもあり，「そのためには自分でお客さんを獲得しなければ」と張り切りました。彼女の両親に挨拶に行くときに，「安心して娘を嫁がせられる」と思ってもらいたいという一心で，飛び込み営業をやりました。

話すのもコミュニケーション能力も自信があったのですが，営業経験は
ゼロでした。挨拶の仕方や名刺交換のマナー，商談のやり方などは，営業
畑の彼女に教えてもらいました。

相手にされない時もありましたが，毎日彼女に報告して，トライ＆エ
ラーでがむしゃらに突き進みました。すると，努力は身を結び，少しずつ
売り上げが上がって２年目の下半期には，ご飯が食べられるレベルにまで
なりました。おかげさまでその後も売り上げは上がり続けています。今は
自分の営業スタイルが確立していますが，営業のイロハを教えてくれた彼
女（今は妻）には感謝しています。

仕事のスタイル

仕事のエリアは神奈川県内全域です。

大体朝イチで現場に測量に行き，昼食をとって帰ってきて，午後は事務
所で図面やお客様対応や事務作業をしています。仕事がたくさん入って現
場が続くこともありますが，遅くとも現場仕事は15時には終えて，終業の
定時17時半に間に合わせたいと思っています。現場続きの日の翌日は，事
務所で測量のデータを計算したり図面を描いたりできるようにスケジュー
リングしています。

市役所や法務局と半日以上移動する日もあります。また，休日しか捺印
対応できないという方もいて休日出勤になってしまうこともありますが，
そういう時は平日に定時前に帰ったりして過密勤務にならないように調整
しています。

事務所は私を含め４名なので，２人ずつ２班で動きます。同時に朝イチ
で２班が現場に行くこともありますし，１班出て，１班は事務所作業とい
うときもあります。

▶現場仕事は午前中がメイン

事務所スタッフは全員スカウト＆受験生！

　今，事務所スタッフは3名います。1人目のスタッフは，野球部の後輩です。元々ハウスメーカーの営業職だったのですが，営業が苦手で悩んでいて土地家屋調査士の仕事に興味を持ってくれていたので，私が独立したてのころから「一緒に仕事をしよう」と誘っていました。

　当時まだ独立したてで仕事がない時期でしたが，結婚の話に加えて，彼に安心して入所してもらえるようにしようという気持ちがモチベーションになりました。おかげで，ちゃんと彼の入所前に仕事を増やしました（笑）。今は，「測量のCADの図面を描くのが楽しい」と才能が開花しています。

　2人目も中学の同級生です。2回転職して3社目という感じだったので，いきなり電話かけて「手に職つけてみないか」と誘いました。事務所のビジョンにも共感してくれて，入所前から資格学校に通って勉強していて，今はかなり合格に近い所にいます。

　3人目はSNSのDM経由です。インスタグラムで仕事に関する考えなどを発信しているのですが，若い土地家屋調査士を目指す方からのDMが

増えました。業界内では若いほうなので相談しやすいのかもしれません（私自身4回落ちているので，その経験がアドバイスに役立ちます）。

そこから「会いたい」と言われて，熱意を感じ，一緒にランチをしました。その日に意気投合し，2022年11月から働いてくれています。

実は，4人目・5人目も決まっています。全員が土地家屋調査士として働ける日を考えると，ワクワクが止まりません。

家賃5倍，広さ8倍の事務所に移転

人員が増えることを見越し，事務所を移転して広くすることを決めました。家賃は5倍，広さは8倍，内装工事もしてもらってピカピカです。地元の不動産屋が見つけてくれた物件を見た時，「こんなテナントはもう出ない！」と思いました。仕事がないのに1人目の入所を決めた時のように，あえてここは自分にプレッシャーをかけて頑張っていこうと思っています。

▶まだがらんと広い新事務所

私は，プレッシャーを楽しめるタイプです。もちろんつらいことはつらいのですが，壁を乗り越えた時，そのつらさをうれしさが上回ることを知っています。明確な夢と目標があるので，すべては夢を叶えるためのプロセスだと考えています。仲間と一緒に，苦難も乗り越えていけると信じています！

AI化と調査士の仕事

　DM等で「AI化すると調査士はどうなりますか？」と聞かれることもありますが，あまり影響はないと思います。

　調査士の仕事がしんどいと感じるのは，隣地の方にハンコをもらえない時です。なぜハンコがもらえないかというと，土地の境界がどうこうというよりは，お客様と隣地の方の感情のもつれが根底にあります。

　そういった，隣地の方が不安に感じていることをはっきりさせ，解決すると気持ちよくハンコを押してもらえます。私は，隣地の方に怒られたりもしますが，お茶を御馳走になって世間話をするくらいまで仲良くなることが多いです。しんどかったぶん，やりがいを感じる瞬間でもあります。

　もちろん，AIの進歩により，測量の機械はどんどん進化しています。5年前に比べても進化は顕著で，現場での作業はどんどん便利になっています。ただ，調査士の仕事は「測って終わり」ではありません。隣接地の所有者に立会いで気持ちよくハンコを押してもらうためには，ロジックだけではどうにもなりません。心の不安を取り除けるかどうかという部分は，AIに代われないところだと思います。

カッコいい調査士目指して

　神奈川県内の中学校で，土地家屋調査士としての職業講話を依頼されて，ワクワクしています。土地家屋調査士という資格の知名度アップも目的なのですが，何より「調査士ってカッコイイ」って思われたいと考えています。

　野球少年は，上手な子であれ，そうでない子であれ，皆「プロ野球選手になりたい！」と思っています。もちろん，中学や高校で「自分には無理だな」と悟るにしても，皆が夢見るのはなぜか。それは，メディアで目にするプロ野球選手が純粋に"カッコいいから！"だと思います。

　だからこそ，若い調査士を増やすためにはたくさんの"カッコいい！"

を発信していくのが一番だと思います。作業着も，カッコよさを研究して作っています（スタイリッシュな作業着とクラシックな作業着があります）。

▶クラシックバージョンの作業着（左）とスタイリッシュバージョンの作業着（右）

Message

　「日本で一番の土地家屋調査士法人を作りたい！」と思っています。規模や売り上げではなくて，誰も真似できない唯一無二のオンリーワンを目指しています。「ハヤオ測量ってカッコいいよね」と思われたいので，何かに迷ったときは自分がカッコいいと思うほうを選択しています。そして，「いい景色見せてやるから！」と仲間を誘った以上，「独立しても稼げる」「独立しなくてもちゃんと稼げる」事務所にしたいと思います。

　調査士の勉強は，学校の成績は関係ありません。コツコツやるのは大変ですが，しっかりやればいつかは受かります！　私も資格学校の合格体験記を読んで頑張っていましたので，SNS等で見ていただいて，「こうなりたいな！」と思っていただけたら幸いです。「なぜ調査士を目指したのか」「受かった後にどうなりたいのか」，勉強がつらい時は，そこに立ち返るとよいと思います。

　私もたくさんの人に支えてもらいました。心が折れそうなときもあると思いますが，そういう時は周囲に甘えてもよいと思います。それで，支えてくれた方の期待に沿うよう頑張って成果を出して，成果が出たら恩返しすればいいのですから！

専業主婦からの転身。司法書士の夫とタッグ！

島野　幸 (Miyuki Shimano)

▶合格年次：令和2年
▶開業年次：令和4年2月
▶業務形態：開業（個人事業主）
▶前職経歴：専業主婦
▶事務所概要：しまの事務所（埼玉県）

PROFILE

　埼玉県出身。東京工業専門学校建築工学科卒業，2級建築士の資格を取得するも建築関係の職には就かず，実家の家業の手伝い，アルバイトや派遣社員として電話営業や不動産業，デパートの館内放送などを経験する。結婚後子供を授かってからは10年以上専業主婦。子供は中学2年生と小学校5年生。

司法書士の夫とタッグを組んで仕事したい！

　夫が司法書士試験に合格したとき，その研修でダブルライセンスとしてすすめられたと聞き，土地家屋調査士の資格を初めて知りました。不動産登記表題部は土地家屋調査士の独占業務で，測量（外業）やCAD（内業）があっておもしろそうだと思ったこと，夫とタッグを組んで仕事ができる！　という期待と勢いで「登記」が何なのかもよくわからずに受験を決めました。

ゼロからの資格取得

　資格取得まではっきり言って大変でした。10年以上主婦で子育てしか

していなかったので勉強のやり方がわかりませんでした。

　受験科目の法律についても学んだ経験がなく，ゼロからのスタートでした。資格予備校（LEC）の門をたたき，初学者からのコースを受講しました。授業はおもしろく，おかげで基礎から興味深く学ぶことができました。

　1年目は講義を9割受け終わったところで受験しましたが，択一問題の足切りで不合格でした。講義を受けただけで受かるようなやさしい資格ではありませんでした。

　悔しさから2年目は奮起して過去問，答練・模試などアウトプット中心に勉強しました。

　本書の執筆者である木村先生の授業を受けていましたが，先生が講義中「わからない所は必ずテキストに戻る」とアドバイスしていたので，それを徹底しました。

　模試はほぼC〜D判定でしたが，間違えたところはテキストに戻り理解を深めました。最後まで諦めずに丁寧にコツコツ進めたことが結果的に合格への近道になったと思います。

受験で培った「調べる」力は実務でも役立つ

　興味は調査士業務全般にあります。目の前にあること全部に力を入れていきたいという気持ちです。

　まったくの未経験で調査士登録をしましたので，わからないことが多々あります。「わからないこと・疑問を感じたことはすぐに調べる」を徹底しています。

　資格者として業務をする以上，知らないでは済まされません。業務取扱要領，不動産登記の申請マニュアル，『建物認定』・『地目認定』，六法等を駆使して調べます。条文，判例を都度確認することで，根拠をもって業務を進めることができます（時間はかかりますが）。受験勉強時代の経験が，今の業務でとても役立っています。

土地家屋調査士の実務について

　建物調査や測量の前の調査などは1人で行うこともありますが，杭打ちなど力仕事があれば，先輩調査士に手伝ってもらいます。

> トータルステーション（測量するための機器）の据え付けをして，ターゲットとなるミラー（プリズム）に視準を合わせているところです。

> 測点にミラーの付いた赤白のピンポールを垂直に立てています。
> 上のトータルステーションから光波が出てミラーに当たり，角度と距離が記録されます。

> 測量が終わって，トータルステーションを載せていた三脚の脚が広がらないようにベルトをかけています。三脚はしっかり脚を閉じていないと危ないので，トータルステーションを移動するときにもしっかり閉じて運びます。

合格後は勉強会や研修会に積極的に参加

　試験合格後は，業務未経験であったため不安でした。そこで，とりあえず未登録のまま ADR の研修と考査を受け，ADR 認定土地家屋調査士を取得しました。

　私が合格した令和2年度はコロナ禍で同期の方や他の調査士の方に会うことが難しい時期でした。

　そんな中でも，神奈川会がオンラインで「開業ガイダンス」を開催していたので，開業に向けての心構えや事務所の構え方や必要な道具，資金などについて学ぶことができました。

　また，宮城県の土地家屋調査士，鈴木修先生が定期的に開催されている経営ガイダンスにも参加をし，自身の状況から開業に踏み出すための具体的なアドバイスと，一歩踏み出す勇気をいただきました。

　その後に出会った埼玉青調会の先生にすすめられ，未登録ながら青調会の集まりに参加させていただいたのですが，「わからないことやできないこと，何でも相談してね，みんなで考えるし，みんなで助けるから」と温かい言葉をいただきました。

　実際，登録後に初めて受任した表題登記が，新築ではなく昭和築の相当年数が経過した複雑な未登記建物でした。調査方法や添付書類の揃え方，オンライン申請の方法に至るまで，青調会の方々に詳しく教えていただき，登記を完了することができました。

　合格後は未経験であるという自信のなさがつきまとって不安がたくさんありましたが，私の場合は行動することで研修や勉強会など参加の場が増え，結果的に相談できる先輩や仲間に出会えました。

仕事と子育てとの両立について

どこまでできていれば両立といえるのか不安ですが，子供が小学生と中

学生なので，洗濯物やお風呂の掃除，食器の片づけ等それぞれにできることを協力してもらっています。また，研修や仕事で遅くなる時は，夫が夕食の用意をしてくれることもあります。

勤務時間は通常 9 時から17時です。依頼があれば土日も仕事が入ることがあります。

とはいえ，自宅での勤務なので，子供の学校行事や急な病院などのスケジュール調整はしやすいです。

夫婦での分担ですが特に決まりはなく，夫とは同じ事務所内におりますので，ほうれんそう（報告・連絡・相談）を常にし合ってその都度お互いできることで対応しています。

正直に言うと試験勉強や仕事を始めたことで，家事が少しおろそかになっていることは否めませんが，同居家族の仕事への理解とサポートがあることがとてもありがたく日々感謝しています。

Message

私は，土地家屋調査士法の第二条が，この資格で業務を行っていく上でとても大切だと思っています。第二条をいつも心に置いて，不動産に関する不安やトラブルを一つでも多く紐解いていきたい。人々の財産を守ることや隣人同士が笑顔で過ごせることにつながるような業務を行う土地家屋調査士を目指していきます。

> ＜参考＞
> 土地家屋調査士法　第二条
> 調査士は，常に品位を保持し，業務に関する法令及び実務に精通して，公正かつ誠実にその業務を行わなければならない。

FILE 4

脱サラ開業から14年。大事なのはコミュニケーション力

菅井　利真 (Toshimasa　Sugai)

▶合格年次：平成 18 年
▶開業年次：平成 20 年
▶業務形態：開業（個人事業主）
▶前職経歴：サラリーマン（塗装機器メーカーの営業職）
▶事務所概要：菅井土地家屋調査士事務所（東京都墨田区）

PROFILE

　大学卒業後，塗装機器メーカーで営業職を６年。５年かけて土地家屋調査士試験に平成18年合格。平成20年，菅井土地家屋調査士事務所を開業。現在は，６人の従業員を抱える事務所。

「君に向いている仕事がある」というすすめからスタート

　大学（農学部）を卒業後，塗装機器メーカーで営業職をしていました。

　勤めていた会社はオーナー社長のワンマン経営で離職率が非常に高く，将来に不安がありました。結婚もしていましたので将来の安定を考え，「国家資格を取得したい」という考えが頭にありました。

　そんな矢先，司法書士を目指していた元上司から「君に向いている仕事がある」とすすめられたのが土地家屋調査士でした。聞いたことのない資格で正直あまり乗り気ではなかったのですが，信頼する元上司が私の適性を見て言うのだから間違いないのではと思い，受験を決めました（その時

はまさか土地家屋調査士試験を5回も受けることになるとは夢にも思いませんでしたが……）。

　あれから20年以上経ち，仕事でつらいときももちろんあるものの，土地家屋調査士としてやりがいのある日々を過ごせています。

お客様ゼロからの開業

　開業した時にはお客様はまったくいませんでした。そこで，近所の不動産業者，司法書士，税理士，弁護士，不動産鑑定士など，約120軒に名刺と自己紹介チラシを持って開業の挨拶回りをしました。自己紹介のチラシには，事務所内部の写真，経歴，趣味など，相手の印象に残りそうな内容を意識して掲載しました。

　飛び込みでの挨拶回りでしたが，土地家屋調査士である旨を伝えると門前払いされることはほとんどありませんでした。しかし大半は既に依頼をしている先があり，すぐに仕事をいただける状況ではありませんでした。

　ある日，挨拶に伺ったタイミングがよかったのか，建物滅失登記を依頼されました。飛び上がるほどうれしかったのをよく憶えています。

　その後も「自分自身は依頼するような仕事はないけれど，知り合いを紹介するよ」と言ってくださる方がいたりして，紹介を中心にお客様が増えていきました。

1つ1つの仕事を大事に丁寧に

　開業当初より，私は大手のお客様と継続的に取引をするよりは，1年に1件しか依頼がないような個人のお客様でよいので，とにかく数多くのお付き合いをすることを意識してきました。

　売り上げの大半を特定の大手のお客様に依存するよりは，お客様を分散した方がリスクを軽減できるという考えが念頭にあったためです。

結果的に，個人のお客様同士の横のつながりから紹介されることが増え，仕事が継続的に来るようになりました。

　最近では，引退する土地家屋調査士の先輩からお客様を引き継ぐこともあり，現在では約50軒のお客様とお付き合いしています。

　ただ，いくら仕事を受託しても，相手に喜んでいただける仕事をしなければすぐに仕事は減少していくだろうと考えています。1つ1つの仕事を大事に丁寧にするように心がけています。

　いま現在もお客様が増え続けているのは今いる優秀なスタッフのお蔭です。だからこそ，スタッフが働きやすい職場環境や自分の仕事に満足できる環境を築くことが大事だと考えています。

▶事務所の様子

土地家屋調査士には性別はあまり関係ない

　弊所のスタッフには女性もいます。もともと芸能関係のスタイリストだったという異色の経歴の持ち主ですが，事務所では一番の古株で10年程前から在籍しており男性と変わらず業務をバリバリと行ってくれています。

彼女は身内に税理士がいたことから土地家屋調査士を知り，目指したそうです。土地家屋調査士資格取得後には測量専門学校に入学し測量士資格も取得している努力家です。

　役所受けが抜群で，無理なお願いも彼女がすると渋々ながら受け入れてもらえることが多くあります。また境界立会いなどでは，気難しい隣接所有者とやり取りをすることも多いのですが，彼女はスルスルとこなします。

　デメリットは特に感じませんが強いて言うならば現場での怪我には気を使いますし重いものなどは男性が持つようにしています。

　誰も手伝いがいなければ彼女は25キロのモルタル1袋を普通に持ち上げられるそうですが……。

　彼女が事務所に入所してから出産，子育てを経てもなお活躍できるのは「手に職」をつけたからであることは間違いないと思います

事務所拡大のメリット・デメリット

　開業してから少しずつ受注が増えていきましたが，ある時から自分の処理能力を超えた受注になってきて，納期の面で大変なご迷惑をおかけした期間がありました。その時に離れてしまったお客様もいましたが，人員を増やすことにより，お客様の要望に迅速に広く対応することが可能となりました。まさにスタッフのおかげです。

　また従業員同士でコミュニケーションを取りながら業務について確認し合ったり，世間話などで気分転換したりできるのもよいと感じています。仕事のことに限らず，気軽に話せる職場の雰囲気は大事です。

事務所拡大のデメリットは、人件費をはじめとした経費の負担があることです。人件費が増えるだけでなく、パソコンやCADライセンスなども買い足す必要があります（コロナ渦では、受託や業務遂行に支障が出ることがあり、正直資金繰りがつらい時もありました）。

仕事の案件の割合（土地・建物）について

弊所は、土地の案件の割合が多いです。土地の境界確定などは経験や交渉力を要する部分が多いので、他の事務所と差別化しやすく仕事が増えやすいのではないかと考えています。

逆に、建物の案件は土地の境界確認と違いトラブルも少ないです。それゆえ、「迅速な対応をしてくれればそれで十分」と考えられるのかお客様が新規の土地家屋調査士を探すことは少ないように感じます。

私自身が土地の案件で余裕がなく、それほど建物の案件について営業をかけてこなかった面もありますが、事務所経営を考えると、建物の案件は、受託から入金までのスパンが短いので事務所経営の安定につながると考えています。5年程前から建物担当のスタッフに入所してもらい、迅速な対応が可能となったためか少しずつですが増加傾向にあります。

土地家屋調査士に大事なのはコミュニケーション力

補助者として勤務していた時、上司から「君には土地家屋調査士の仕事は向いていない」と言われたことがあります。非常にショックでした。

今思えば、そのように言われても仕方なかったと思います。図面や書類の作成などの細かいことが大変苦手で、上司の指示通りに仕事をこなせていませんでした。

そんな私でも、独立して14年、事務所を安定的に運営できています。図面

や書類の作成などの細かいことが苦手でも慣れていきますので心配しなくて大丈夫です。何より大事なのは，コミュニケーションが苦にならないことです。コミュニケーション力こそがこの仕事に大事なものだと感じています。

若手育成が急務

　弊所では，これまで年齢より経験を重視し，即戦力を採用してきました。それゆえベテランが多く（業務経験20年超が4人，10年超が1人），平均年齢が高くなりつつあります。

　体力負担を考えると，指導的立場に就いてもらいながら長く活躍できる環境を整えていかねばと考えています。今のスタッフに若手を指導してもらいながら，皆で成長できるような事務所所形態にシフトチェンジしていくことを考えています。

　弊所のスタッフは皆人柄がよく，誠実で素直な人ばかりです。働きやすい環境を整えて，一丸となってお客様の満足度向上を目指していきたいです。日々試行錯誤ですが，一歩ずつ前進できればと思っています。

▶スタッフと一緒に

Message

　業務を行う中で，長年お隣と土地の境界線でいがみ合って生活している人を何度も見てきました。

　「境界のプロである『土地家屋調査士』」の知名度を上げることにより，一般の方々の相談窓口としての選択肢に上がれば，土地家屋調査士がお手伝いすることによって境界紛争が減少し人々が安心して暮らせるようになると考えます。

　そのためには，認知度を上げることが必要です。

　登記は「司法書士」，測量は「測量士」という感じで知られているのに，土地家屋調査士は今一つです。一般の人が生活をしている中で土地家屋調査士に直接接する機会が少ないためだと思います（知名度を上げるために，土地家屋調査士会でも努力はしているのですが……。過去に土地家屋調査士役で黒木瞳を主人公にしたドラマを作成したり「なぎら健壱の○○散歩」という YouTube チャンネルを開設したり，大学で寄附講座を行ったりしています）。

　もっと認知度が上がれば，お隣と揉めている場合に「土地家屋調査士に聞いてみよう」となるでしょう。こういった書籍等が知名度アップにつながるといいなと考えています。

FILE 5

日本全国を飛び回る開業3年目

豊田　浩司 (Koji　Toyoda)

▶合格年次：平成21年（登録平成22年）
▶開業年次：令和2年
▶業務形態：開業（個人事業主），従業員3名
▶前職経歴：土地家屋調査士法人勤務
▶事務所概要：土地家屋調査士豊田事務所

PROFILE

　父の下で補助者として土地家屋調査士業務をスタート。父の引退を機に司法書士等の士業グループ内にて，土地家屋調査士事務所の新規立ち上げ（法人設立含む）を経験し，独立開業にいたる。

補助者からのスタート

　開業前は土地家屋調査士法人に資格者として勤務し，新規立ち上げ等の業務をしていました。少し特殊な働き方だったのですが，開業前の事務所では私個人に直接依頼があった案件もありました。それをそのまま継続する形でしたので，売り上げは開業月から立てることができました。

　売り上げ見込みはあったものの，開業資金は融資で賄いました。先に開業した友人から，「開業当初は想像より現金が減っていく」とアドバイスされたからです。なるべく手元に現金がある状態で軌道に乗せていきました。

　また，開業前後に業務が滞ることを避けたかったので，機材等になるべく変更がないように準備を行いました。なので，開業日から普通に測量に行くことができました（笑）。

山の中の広大な現場に四苦八苦することも！

　学生のころに建築家の安藤忠雄さんがテレビだったか著書であったかで「現場は全部覚えている」とのお話をされていて，最前線で活躍する方に少しでも近づけたらという思いで日々現場をみています（ただ，最近記憶力がだんだんと……）。

　業務をしてきた中でインパクトがあった現場は，とある宿泊施設の新築建物の現場です。とにかく広大で何棟も建物があり，地下のみの建物もあり，敷地もほぼ山でしたので境界も曖昧で，どうやって図面を作成しようかと悩みました。悩んで悩んで悩んだ結果，ふとウルトラCの技を思いつき，無事登記も完了できました。

▶測量中の写真

開業までにやっておくべきこと

　まずは，期間で考えると最低1年間は補助者としての経験が必要かなと思います。登記申請が多くなる時期や，季節ごとの現場の感覚をつかみながら（最近は特に真夏の暑さがスゴイので），納期までに必要な作業と時

間を経験できればよいと思います。

　可能であればいくつかの事務所で勤務をしたり，アルバイトに行ったりすることもオススメです。事務所によりやり方が違うことも多々あるので，勉強になると思います。

　特に，CAD 業務は必須なので，なるべく早めにご自身が使う CAD ソフトを決めて操作を覚えた方がよいです。当然費用はかかりますが，独立を考えているなら自分で CAD ソフトを購入して自学に励むくらいの気持ちは必要だと思います。

他士業とのつながりが仕事につながる

　他士業の先生との接点を大事にするとよいのではと思います。具体的には司法書士，行政書士，税理士，弁護士ですね。

　案件によっては，各士業がチームを組んで対応することも必要になるので，頼りになる専門家がいるととても心強いと思います。

　対話の中から土地家屋調査士として提供できることが何になるのかをご自身で知ること（知識と経験が武器になる）がポイントだと思います。

　顧客のメインとなる不動産業者の方々に対しても，ご自身の武器が構築されていれば，質問にも答えられますし信頼も得られると思います。

Message

　土地家屋調査士の仕事の魅力は，移動手段と機材と現場があれば日本全国どこでも行けるところです！

　最近は落ち着いてきましたが，北海道，東北，北陸，関西，九州等に飛び回っていた時期は刺激的な日々でした。業務の性質上，どうしても現場の場所に縛られる時間が長いですが……。

　最近ではたまにワーケーションも行っていて，パソコンを持ってふらっと旅をしています！

第1章

\知りたい!/ 土地家屋調査士の資格のリアル

Q1 土地家屋調査士はそもそも何をする人？

ズバリ，不動産登記（表題部）の登記申請をする人です。これは独占業務なんです！

土地家屋調査士の独占業務

土地家屋調査士をひと言でいうと，法務局（正確には不動産登記法という法律で登記所と規定）で管理する不動産に関する情報（登記情報）の新規登録や既存情報の変更願いを土地や建物の所有者の代理人となってする人です。いわゆる「登記の申請」ですね。

不動産登記情報というのは表題部と権利部という2つの項目に分かれます。
この表題部というところが土地家屋調査士の扱える部分です。この部分は土地家屋調査士しか仕事にできません。土地家屋調査士の独占業務です。司法書士も弁護士も業とすることはできません。

土地家屋調査士誕生の背景

そもそもなぜ土地家屋調査士という資格が誕生したのか。
これは不動産登記制度の目的が大きく関わっています。
不動産登記制度は，不動産取引の安全と円滑に資することを目的としています。
不動産を売買するとき，不動産登記記録の権利部を見て「所有者が誰か」，「他人の権利は付いていないか」を確認しますよね。でも，これを確認し

たのに，肝心な不動産の物理的な現況が間違っていたらどうですか。

　土地の面積が150平方メートルと記録されているのに実際は100平方メートルしかなかったら……当然大きなトラブルになり，この取引は安全ではないし円滑にも行えません。

　しかし土地を測量して位置を特定したり面積を求めるなんて普通の所有者は無理ですよね。

　建物の調査も同じです。建物だったら簡単だろうと思ったら大間違いです。例えば出窓部分は床面積に入れていいの？　出窓によって異なります。ロフト部分って階数に入れるの？　天井までの高さによって変わります。やはり普通の所有者にはそんな知識はありません。

　そこで不動産登記法に精通し，測量などの調査もできる土地家屋調査士という資格が誕生したのです。

　したがって土地家屋調査士が調査した内容が間違っていたなんてことになれば大変です。間違った測量をして，その測量に基づいて売買契約が完了してしまったら？　このような場合，契約者から損害賠償請求をされる可能性もあります。

　独占業務ということはそれだけの責任を負わなければならないということなのです。

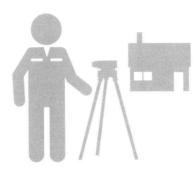

Q2 土地家屋調査士が活躍する場面とは？

> 土地家屋調査士と関わったことがない人が多い理由は，間に業者が入ることがほとんどだからです。

所有者の義務を代理

　土地家屋調査士と直接関わったことがある人は少ないかもしれません。土地家屋調査士が活躍する場面を挙げてみます。

● マイホームを新築したとき

　建物の現況を登記所に登録しなければいけません（建物表題登記の申請）。

● 空き家を取り壊してその土地をコインパーキングにしたとき

　取壊した建物の登記記録を閉鎖しなければいけません（建物滅失登記の申請）。

　登記した土地の利用状況を変更しなければいけません（土地地目変更登記の申請）。

● 土地の所有者が亡くなったので3人の相続人で土地を分けたいとき

　登記記録を3つに分けなければいけません（土地分筆登記の申請）。

　これはすべて土地や建物の所有者がやらなければならないことです。そう，義務があるというところが大きなポイントです。ただ所有者にこのような知識がある人は少ないですよね。そこで土地家屋調査士の出番です。土地家屋調査士は不動産所有者の代理人となってこのような登記の申請を行います。

業者等の仲介が入ることがほとんど

　一般的には間に不動産会社や建設会社等が入ることが多いので，所有者の方が土地家屋調査士と直接会うことは少ないかもしれません。これが土地家屋調査士という資格が世間に認知されにくい理由の一つであると考えます。

　専門性が高いゆえに一般の人に認知されていない。かくいう私も一定の年齢になるまで土地家屋調査士という名称すら知りませんでした。知ったのは不動産に関する仕事に就き，宅建試験（私が受験した頃は宅地建物取引主任者試験という名称でしたが）の学習をしたことがきっかけです。そう考えると今の私があるのは宅建試験のおかげだと言えそうです。

　話はそれましたが，このような経緯があるので土地や建物の所有者からの直接の依頼というよりも不動産会社やハウスメーカーを通じて土地家屋調査士に依頼がくることが多いのです。

　他にも司法書士事務所や税理士事務所，金融機関などからの依頼もあります。ということは，こういったところは土地家屋調査士となったのちに名刺を持って営業に行く先の一つになりそうですね。

Q3 測量士とどう違う？

> これは土地家屋調査士に興味を持った方のほとんどが疑問に思うところで，本当によく質問を受けます。

外見からは見分けはつきません！

みなさんは道路で測量機器を覗いている作業服姿の人を見たことがありますよね。私は子供のころ映画の撮影か何かと勘違いして器械に向かってピースサインをしたりしていました（笑）

さすがに大人になればそんな勘違いはありません。

ではあの人たちが「測量士ですか」「土地家屋調査士ですか」と聞かれたら……。

実は，測量している姿を見ただけではわからないのです。

測量士も土地家屋調査士も同じ測量機器を使用して土地の位置や面積，距離などを測ります。現在はトータルステーションといわれる測量機器で距離と角度によって境界の点の位置（これを筆界点といいます）を測ります。

違うのは測量の目的

測量士と土地家屋調査士の大きな違い，それはなんのために測量するのかというところです。

Q1 Q2 で説明した通り土地家屋調査士は土地や建物の所有者のために登記の申請を行います。

土地の登記申請には測量機器を使って面積を測らなければならない登記がたくさんあります。また，登記情報を取扱う登記所には一筆の土地ごとの筆界を明確にするための地図を備え付ける必要があるのですが，この地図を作成するための業務にも多くの土地家屋調査士が関わっています。さらに筆界をめぐるトラブルに対応するために，制定された筆界特定制度にも土地家屋調査士は大きく貢献しています。

　少し細かいことを書きましたが，土地家屋調査士の測量は登記に関連する測量といえるでしょう。

　一方，測量士は登記の申請のための測量はできません。
　測量士は公共事業（例えば道路やトンネル，ダムを造るなど）のための測量がメインになります。したがっておのずと規模が大きくなりますね。

　ということで，測量している姿ではどちらかの区別はつかないわけです。ただいえることはどちらも国民のためには絶対的に必要な資格です。
　そして，それぞれの活躍の場は異なり，なんのために測っているのかが違うのです。土地家屋調査士と測量士の違い，おわかりいただけたでしょうか。

Q4　司法書士との違いは？

> どちらも登記にかかわる仕事です。

表題部→土地家屋調査士，権利部→司法書士

　登記記録というのは表題部と権利部という2つの項目に分かれているという話をしました。ざっくりいうと，表題部担当が土地家屋調査士で，権利部担当が司法書士ということになります（司法書士は不動産登記だけでなく他にもできる業務がたくさんありますがここでは割愛しますね）。

　そして同じ不動産登記情報といえども表題部を司法書士が担当することはできないし，逆に権利部を土地家屋調査士が担当することはできないのです。

　したがって不動産登記のすべてを代理業務としたいのなら両方の資格を取ってしまえばいいことになります。

　実際にこの2つの資格をダブルライセンスとして活躍されている先生方も多くいます。もっともどちらも一朝一夕で取得できる資格ではありませんのでしっかりと対策を立てて試験に挑む必要があります。

　とはいえ，土地家屋調査士も司法書士もそれ一本で十分勝負できる資格です。Q2で営業先に司法書士事務所という話を書きましたよね。

　自分自身でダブルライセンスを取得しなくても土地家屋調査士と司法書士はよい関係を築けるということです（あまりダブルライセンスが必要ないというと予備校から怒られそうなのでこのくらいにしておきましょう（笑））。

登記事項証明書

長野県佐久市門前二丁目8-3　　　　　　　　　全部事項証明書（建物）

表 題 部 (主である建物の表示)	調整	余白	不動産番号	×××

所在図番号	余白		
所 　 在	佐久市門前二丁目8番地3	余白	
家屋番号	8番3	余白	

① 種 類	② 構 造	③ 床 面 積　㎡	原因及びその日付【登記の日付】
居宅	鉄骨造かわら ぶき2階建	1階　75　50 2階　65　30	平成25年8月8日新築 【平成25年8月9日】

表題部 (附属建物の表示)				
符号	① 種 類	② 構 造	③ 床 面 積　㎡	原因及びその日付【登記の日付】
余白	余白	余白	余白	余白

所 有 者	佐久市門前二丁目8番3号　岡田　徹

権 利 部 （ 甲 区 ） （ 所 有 権 に 関 す る 事 項 ）			
順位番号	登記の目的	受付年月日・受付番号	権 利 者 の そ の 他 の 事 項
1	所有権保存	平成25年8月15日 第7002号	所有者　佐久市門前二丁目8番3号 　　　　岡田　徹

権 利 部 （ 乙 区 ） （ 所 有 権 以 外 に 関 す る 事 項 ）			
順位番号	登記の目的	受付年月日・受付番号	権 利 者 の そ の 他 の 事 項
1	抵当権設定	平成31年1月22日 第1222号	原因　平成31年1月21日金銭消費貸 　　　借同日設定 債権額　金550万円 利息　月0.65% 損害金　年14% 債務者　佐久市門前二丁目8番3号 　　　　岡田　徹 抵当権者　佐久市門前三丁目1番5号 　　　　新井大輔

これは登記記録に記録されている事項の全部を証明した書面である。
令和5年2月11日

長野地方法務局有田伊万里出張所　登記官　○○××　［職印］

＊下線のあるものは抹消事項であることを示す。

Q5 どんな働き方をするの？

オンライン化が進んでいますが，実際に現地に行かないとわからないことも多いです。フィールドワークとデスクワークの両方が必要な，非常に珍しい職業といえます。

現場に行くことがマスト

　土地家屋調査士の業務は不動産登記の申請が主体になることはここまでにお話ししました。そしてどんな場合に登記の申請が必要になるのかというのは Q2 （36頁）の通りです。

　登記の申請は現在オンライン申請の割合がどんどん増えています。一昔前は申請書という書面に必要書類を添付して法務局に提出するという申請方法しかありませんでしたが，現在はオンライン申請の事務所が主流になりつつあります。したがって事務所からパソコンで登記の申請はできることになります。

　もっとも土地家屋調査士になるための国家試験に関してはまだまだ書面申請を想定しているので，申請書を書き三角定規を使って図面を描くというスキルが必要になりますが，これは第2章以降で詳しく説明しますね。

　話を戻しますが，登記の申請自体は事務所にいながらオンラインで申請できますが，その申請をするための調査というのは，当然，不動産が所在する現場に赴かなければなりません。

　土地家屋調査士の業務の最大の目的は現地の状況を正確に登記情報として公示することです。したがって，現地に出向き自分の目で確認し，調査を行うのです。

【土地】

- 利用状況は？
- 面積は？
- どんな形？

【建物】

- どんな構造？
- 何階建て？
- いつ新築されたの？

　私たちが土地や建物を買いたいと思ったときにまず知りたい，不動産のこのような物理的現況を，法務局では登記記録の表題部で管理し国民に公開しています。そこでその内容を調査して法務局に報告するという業務が発生するのです。ということで世の中から不動産がなくならない限り土地家屋調査士の業務もなくなることはありません。

　ここで働き方をまとめると，以下のような流れになります。

　受注→現場を調査・測量→資料をまとめて登記申請

　現場の調査や測量はフィールドワーク中心，資料作成や登記申請はデスクワーク中心となります。

現場調査

　登記記録の情報と現地とのズレや共通点の確認をしています。

測量

　土地の測量には欠かせないトータルステーション。皆さんも一度は見かけたことがあるはず！

境界確定

　隣接する土地の所有者立会いの下，境界を確定します。

書類作成

　申請書・添付書類を作成。実務では CAD と呼ばれる PC ソフトを使用して図面を作成することがほとんどです。

登記申請

　書面申請の場合は，申請書類を管轄登記所の窓口に提出，または郵送。オンライン申請の場合はインターネットで申請。

引渡し・報酬

　完了した登記書類と安心を依頼者へお届けします。

デスクワーク

Q6 どんな人が向いてる？

> どの職業にも共通していますが，コミュニケーション能力は欠かせません。

コミュニケーション能力が大事

　先にも書いた通り現場に出ることが多いので，外で仕事をすることを望まない人は向きません。

　また状況を正確に登記記録に示すことにより，不動産取引の安全と円滑に資することを目的としていますから，あまりに大雑把な人も向きませんね。正確に示すということが大きなポイントです。

　そして意外と知られていないのがコミュニケーション能力です。不動産と向き合うのだから人と話すことは少ないだろうと思われがちです。しかし，依頼者はもちろんのこと，土地の場合は必ず隣地所有者というお隣さんとのコミュニケーションが必要になります。

　依頼者は自分のために土地家屋調査士が動いているのですから協力してくれるでしょう。

　ただしお隣さんはどうでしょうか。「変なことには関わりたくないよ」という人もいるので丁寧に説明することが必要です。したがっておしゃべり上手な人は向いていますよ。もちろん知識があるのが大前提です。

Q7 どのくらい稼げる？

土地家屋調査士の人数は全国で約16,000人（2020年現在）。都市部でも地方でも業務量に対して土地家屋調査士の人数は足りていないのが現状です。

収入は受注する仕事量に比例

　これは皆さんが気になるところだと思います。ただ，会社勤めでなく独立開業を目的とする人が多いので，受注する仕事の量によって報酬は大きく変わります。したがって年収というのも一概にはいえません。そこまで仕事をしないというスタンスの人は300万円ほどの人もいますし，逆にどんどん業務を受注する人は1,000万円を超える先生も，もちろんいます。独立開業型の資格なので，収入は受注する仕事量に比例するのです。

　では，月に1件しか土地の測量の仕事がないとしたらどうでしょうか。たった1件といっても，測量の仕事はさまざまで，条件により，受注額は1件で20万円，100万円，300万円などいろいろです。

　「そんなにもらえるの？」と思われる方もいらっしゃるかもしれませんが，土地家屋調査士の業務は，法律的な知識と測量技術を駆使した専門性の高い業務です。だからこそ，1件で高額な報酬を得られるのです。もちろん報酬が高額になるということは測量や調査が煩雑な案件ということで，数カ月の期間を要することになります。

　また，土地家屋調査士には建物の仕事もあります。建物の仕事は，土地の仕事と違って，短期間で業務が終了します。建物の大きさにもよりますが，平均的な一戸建の建物を新築した場合に必要となる建物表題登記の場合，1件で10万円前後の受注額となります。区分建物（マンション）の登記については，1専有部分（1部屋）につきいくらという形で受注額を換

算しますので，最低でも数十万円，大規模マンションでしたら，受注額は数百万円にもなります。

さらに，一般に比べ報酬は低くなりますが，公共嘱託登記土地家屋調査士協会という組織があり，官公署による登記や測量の案件を一括で受注し，協会の社員である調査士が分担して仕事をする場合があります。

木村ポイント 開業したての調査士にとっては非常にありがたい制度です。土地家屋調査士や司法書士という不動産登記を扱う業務ならではの制度ですね。

このように，地域や事務所，案件などの諸条件により実際の受注額はバラつきがあります。また，従来までは，調査士会の会則により定められた報酬基準が存在していましたが，規制が緩和されています。平成15年8月1日より，報酬規定は撤廃され，各土地家屋調査士は，自分で受注額を定めることが可能となりました。

ですから，「調査士って，どれくらいの報酬がもらえるの？」と聞かれたとしても，明確にはお答えできないというのが現状です。

ひとついえることは，報酬規定が撤廃されたからこそ自由な競争が生まれ，営業努力次第で顧客を獲得するチャンスが増えたということです。

これから開業を目指す皆さんは，ぜひともこのチャンスをものにしてください。受注の流れが定まって，固定顧客がそろってくると，受注額が年間1,000万円を超えることも十分可能です。

補助者の給与は？

未経験の合格者が「独立の前提で補助者として業務を覚えたい」という場合，年収300万円くらいからのスタートが多いようです。これは個人の土地家屋調査士事務所でも土地家屋調査士法人でも大きな差はなさそうです。しかしこれは仕事を覚えるための1〜2年と割り切れば悪い話ではな

いと思います。

木村ポイント | 経験を積んだ後は独立開業するもよし，法人事務所ならその場所でスキルアップしていくもよし，自分の置かれた状況によって判断していくことになるでしょう。

変革期の今こそ新規参入のチャンス

　登記申請手続を規定する「不動産登記法」が平成16年度に改正され，

　それまで登記簿という紙をバインダーに挟んで管理していたものが，登記記録という情報でコンピュータ管理されるようになりました。さらに，登記の申請自体もオンラインでできるようになりました。このオンライン申請に関しては，調査士報告方式という独自の申請方法を作り出すなど，土地家屋調査士が関係する表示に関する登記ではかなり進んでいます。

　また，GNSS測量の普及に伴い，測量技術も飛躍的に進歩しました。

　ベテラン土地家屋調査士であっても，新人と同じように，新たな登記申請方法や測量技法を身につけなければなりません。昔の調査士の先生は手描きで図面を作成していましたが，今はそのような方はほとんどいません。それと同じように，紙の申請書を法務局に提出する書面申請もどんどん少なくなっています。オンライン申請に対応できない事務所は生き残りが難しくなってくるでしょう。

　この変革の時期こそ，土地家屋調査士で独立開業して成功をおさめるチャンスです。

木村ポイント | GNSS測量とは，Global Navigation Satellite Systemの略で，人工衛星からの電波を利用して行う測量方法です。GPSという方が聞きなじみがあるかもしれませんが，GPSはアメリカが開発したシステムであり，これもGNSSの一つということになります。

Q8 AI化で淘汰されるのでは？

AI化のご質問は多いのですが，実は「最後まで残る士業」といわれることもあるんですよ！
高齢化社会において分筆登記などのニーズが増えていくことは確実ですので，将来性は十分にある資格です。

高齢化で増える相続と分筆登記

所有者不明土地，空き家問題などの解決に向けた動きや，相続登記義務化に向けて司法書士はもちろんのこと，土地家屋調査士も仕事は増加しています。

相続人というのは複数人のことが多いですよね。土地の所有者が亡くなった場合，広い土地なら土地を切り分けて相続人に名義変更しようという話になるでしょう。

名義変更というのは正確には相続による所有権移転登記といい司法書士の仕事ですが，その前提となる土地を切り分ける，これは分筆登記といって土地家屋調査士にしかできない業務になるのです。

拡がる業務，拓ける将来性

一般市民の権利意識が高まり，境界問題の解決が大きくクローズアップされています。実際に，私の修業先の事務所にも隣地との境界を明確にして欲しいという個人のお客様からの問い合せがきます。現段階ではトラブルに至っていなくても，今後のためにはっきりさせておきたいという意識を持っている人が増えているのでしょう。

これにより典型的な不動産の調査・測量・登記申請業務に加え，新たに

相談業務が加わってきました。また，ここ数年で100万戸のマンションが建替時期にさしかかるといわれています。これに伴い多くの登記申請業務が発生します。

　土地家屋調査士業務の件数・業務範囲はともに広がっていくことは間違いありません。

AI には難しい理由

　前述したように，土地家屋調査士は，不動産の現況を登記という国が管理する公の記録に残すために土地や建物の調査測量を行うのですが，私はここには３つの能力が必要だと思っています。

　それは「知識」，「体力」，「心」です。

　最後の心とはどういうことか。

　たとえば土地に関する登記をする場合，隣地所有者さんの理解を得る必要があるという話をしましたよね。もう少し詳しく書くと，依頼者の土地を囲んでいる他人の土地が３筆ある場合，この３筆の土地の所有者さん全員にお会いして，「依頼者の土地との境界はここでよろしいですか」と一軒一軒確認していきます。もちろん法務局にある図面や資料などさまざまなデータを集め，それが妥当な位置なのかを判断した上で納得してもらってから，サインをもらうことになります。

　このデータ収集や分析は AI という人工知能の得意とするところでしょう。ただ，これらの情報が正しいということを最終的には隣地所有者という生身の人間に理解してもらわなければなりません。それはおそらく AI には無理でしょう。

　例えば突然知らない人がやって来て正論をまくしたてられ，「ここがお隣との境界線なので杭を入れます」「この書類にサインください」と言われたらどうでしょうか。いくら正確なデータに基づいた内容でもサインな

んてしませんよね。結局，最後は心という目に見えないものが必要になってくる業務なのです。

　不動産登記制度とは不動産取引の安全と円滑に資するために作られた制度です。したがって，不動産登記法という法律に基づいて業務を行うことになり，当然法律の知識が必要になります。

　そして土地を測量し境界標を埋設するという業務には体力も必要です。さらにこれにプラスして，心という，人工知能には難しい能力も必要になることがおわかりいただけたでしょうか。

　ちなみに土地に関する登記をするということは，その土地にもともとあった建物を取り壊したり，新たな建物を建てたりと建物の登記が必要なことも多く，1人の方から以下のように複数の登記の依頼を受けることもあります。

（例）

● 土地地目変更登記：登記されている土地の利用状況を変更したとき

● 土地地積更正登記：登記されている土地の面積が大きく異なっているとき

● 建物滅失登記：登記されている建物が取壊しや焼失などで滅失したとき

● 建物表題登記：新たに建物を建築したとき

木村ポイント

世の中に不動産がある以上，仕事がなくなることはなく，AIに奪われてしまう可能性も低いという魅力的な資格。土地家屋調査士の展望は明るいですよ。

コラム 実は，法務省管轄の国家資格です！

　なぜ私がこの土地家屋調査士という士業に惹かれたのか，そしてそれを目指そうと思ったのかを書かせてください。

　ビックリしないでくださいね。ただ一言「カッコいい〜」と思ってしまったのです。何がカッコいいのかって？

　土地家屋調査士という人たちは普段は作業着で現場に出て土地の測量や建物調査を行っています。でも実は法務省からの認定を得た人たちで，法律の規定に基づき業務を行っているのです。私はここにガツンとやられ心を鷲づかみにされました。

　そして，「『現場』と『法律』という，相反するとも思えるものを仕事にするってどんな資格なんだろう。この2つはあまりにもギャップがあり過ぎないか。」と，頭の中は「土地家屋調査士ってなんなんだ…?!」でいっぱいになりました。今で言う「ギャップ萌え」というやつですね。私は宅建の勉強をしながら「次は測量士補を受験してその次は絶対に土地家屋調査士を取ってやる！」と心に決めたのです。

　士業というのは○○士と名のついた専門性と公益性が高い職業のことを指し「サムライ業」と呼ばれたりもするのですが，ここも私が心をつかまれたポイントです。女性の侍ってカッコよすぎないかい!?　と。

　ただ必死の思いで資格を取得し，さあ修業に出ようかというときに家庭の事情でそれができなくなり実務を学ぶのは少し先延ばしになりました。その後，自分が通っていたLECの関係者から講師への誘いを受け，その講師業にはまってしまいます。これがとてもやりがいのある仕事で中途半端な気持ちでできるものでもなく，気づけば10年を超えてしまいました。現在もLECで1人でも多くの合格者を出すべく講義をしています。そして毎年合格者に私からの卒業証書として「カッコいい調査士になってね」という言葉を送っています。

第 2 章

\知りたい！/

土地家屋調査士
試験の概要

Q1 どんな試験？

> 土地家屋調査士試験は年1回！　絶対に負けられない戦いです！

試験概要

受験資格：制限なし（どなたでも受験できます）
願書配布・受付：例年7月下旬～8月初旬
　　各都道府県（地方）法務局で配布・受付
受験地：全国9箇所
受験料：8,300円

筆記試験（10月）

試験日：例年10月第3日曜日

午前の部	9：30～11：30	平面測量10問・作図1問
午後の部	13：00～15：30	【択一式】20問（1問2.5点×20 = 50点満点） 民法3問，不動産登記法16問（筆界特定1～2問含む），土地家屋調査士法1問 【記述式】土地1問・建物1問（50点満点）

合格発表：例年1月上旬

測量士補経由の午後の部のみ受験がほとんど

　詳しくは後述します（ Q5 ）が，測量士補に合格していれば午前の部は免除となります。その場合は，午後の部のみを受験すればよいということになります。

　午後の部の出題傾向としては，不動産登記法が中心です。合否は僅差で決まる傾向が続いており，20問出題される択一問題で一定以上の正解を得なければ記述式問題の採点をしてもらえません。この一定の得点は「基準点」と呼ばれますが，令和4年は37.5点でした。

　記述式問題は，筆界点の座標値や面積を求めるための計算や図面を作成する問題が出題されるほか，5～9頁にわたる問題文から出題の意図を読み取り，必要な登記はなにかを判断する力が試されます。

口述試験（1月）

試験日：例年1月第3～4週（筆記試験合格者のみ）
　業務に必要な知識について1人15分程度の面接試験が行われる
最終合格発表：例年2月中旬

　午後の部の筆記試験に合格すると2次試験にあたる口述試験を受けることになります。まだ続くのかとがっかりする必要はありません。基本的に土地家屋調査士試験は筆記試験に合格してしまえば口述試験はほとんどの人が合格できますのでご安心ください。

Q2 難易度は？

私の感覚では，
難 社労士＞土地家屋調査士＞行政書士 易
です。あくまでも感覚ですので…

難易度に比べて費用対効果が高い資格

　土地家屋調査士試験は受験資格がありません。誰でも受けることができます。来るものは拒まずというやつです。では難易度はというと……合格率は 8 ％〜 10% です。相対評価の試験なので何点以上取れば合格といった採点基準ではありません。その年の受験者数や問題の難易度によって合格点は変わってきます。難関試験の一つに入ると言われていますが，しっかりと対策をとれば一発合格も可能な試験です。私は資格予備校の LECで講義をしているので，その中で他の資格試験と難易度を比較してみると社会保険労務士よりも少し易しく，行政書士よりも少し難しいという位置にあるかと思います。

	難易度
司法試験予備試験	S
司法書士	A
不動産鑑定士	A
公認会計士	A
社会保険労務士	B
土地家屋調査士	B
行政書士	B

　あくまでも私個人の見解ですがおよそこのような感じだと思います（人によって意見はさまざまだと思いますが）。この中でこの資格一本で独立開業でき，かつ難易度との関係で費用対効果が高いのは土地家屋調査士ではないでしょうか。

実務に近い学習内容がポイント

　この試験の特徴は第1章でお話しした土地家屋調査士の業務内容とよく似ています。土地家屋調査士の業務は現場を調査・測量し，登記の申請をするということでしたね。これがそのまま試験になると思ってください。

　登記の申請というのは不動産登記法という法律の規定に基づいて行わなければなりません。したがってまずはこの法律を学ばなければなりません。そう，土地家屋調査士試験は法務省管轄の国家試験なのです。

　法律は不動産登記法をメインに民法，土地家屋調査士法を学びます。そして実際に土地と建物の登記の申請書と図面を作成します。

　とはいえ，実際の業務のように現場に出て不動産の調査を行うわけにはいきませんので，紙面上で問題文から何の登記を申請するべきかを判断し申請書およびその申請に必要な図面を作成します。土地と建物について1枚ずつ図面を描きます。これが実技試験となるわけです。三角定規を使って描いていくことになるのですが，後ほど144頁から詳しく紹介します。

Q3　どの程度の数学知識が必要？

数学が苦手だからといってあきらめる必要はありません！　関数電卓が強い味方になってくれますから!!　実は，私も苦手です（笑）。

高校 1 年生程度の数学と言われますが…

　前述の通り，図面は三角定規を使って描きます。

　その他に測量の知識として高校 1 年生程度の数学の知識が必要になります。この話をすると途端に躊躇してしまう方も多いのですが…。

　試験で使用する数学はあくまでも「測量のために必要な知識」に限られるので，高校 1 年生までに学んだすべての数学の知識が必要というわけではありません。もし本当に高校 1 年生までの数学がすべて必要ならば，私は今ここにいないでしょう。

　ということでここは安心してくださいね。

使うのは三角関数

　まずは三角関数，サイン・コサイン・タンジェントっていうアレです。その他，連立方程式も扱いますが，人間は日常生活で使わないものは忘れてしまうものです。一から覚え直しという人がほとんどです。

　ただ学生時代のように何に使うのかわからずに嫌々勉強するのと，試験に合格するためという目的があって勉強するのとは吸収力が違いますよ。

強い味方，関数電卓

　土地家屋調査士試験では関数電卓という普通の電卓にはない機能を持った相棒を会場に持ち込むことができます。

　関数電卓なんて使ったことがないという方がほとんどだと思いますが，恐れる必要はありません。124頁より使い方を掲載していますので，ぜひたたいてみてくださいね！

木村ポイント | このように特殊な試験なので最短合格を目指すなら予備校を利用することをおすすめします。そうすれば関数電卓も三角定規もすぐに使いこなせるようになります。

こんな感じの
電卓です！

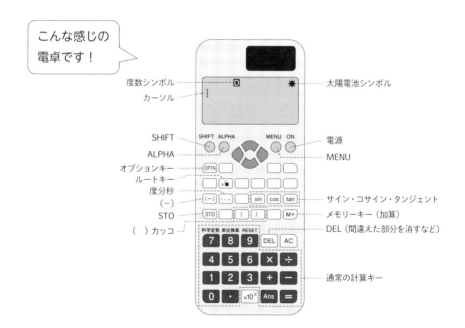

度数シンボル	太陽電池シンボル
カーソル	
SHIFT	電源
ALPHA	MENU
オプションキー	
ルートキー	
度分秒	
（－）	サイン・コサイン・タンジェント
STO	メモリーキー（加算）
（ ）カッコ	DEL（間違えた部分を消すなど）
	通常の計算キー

木村ポイント | 上記は，カシオ fx-JP500 をベースにイラスト化したものです。法務省のホームページには，試験で使用可能な機種が掲載されています。確認のうえ，ご購入いただければと思います。

Q4 他資格試験との関係性は？

宅建や行政書士など他資格を受験した方にとって，気になるところです。

民法を学んだことがあれば有利！

民法を試験科目にしている資格試験は少なくないですよね。

司法試験や司法書士試験，行政書士試験でも民法は学びます。

これらの試験に比べ，土地家屋調査士試験で問われる民法はごくわずかです。近年では択一問題20問のうち3問が民法という出題が続いています。難易度もそこまで高くはありませんので学習に重点を置くべきところではありません。

逆にいうと上記の資格試験の学習をしたことがある方は，そこで得た知識が土地家屋調査士試験でも役に立つはずです。

土地家屋調査士試験と司法書士試験

前述のとおり，土地家屋調査士も司法書士も不動産登記を扱う資格です。当然のことながら，試験範囲にも被りが多いです。

例えば，民法については，平成16年以降に出題された分野は「総則」，「物権」がほとんどです。特に，近年第177条に関する問題は毎年のように出題されています。司法書士試験経験者ならお手の物でしょう。

不動産登記法については，申請人，申請情報，添付情報の特定等，申請手続に関する出題が中心となりますが，司法書士試験を経験した人であれば，登記記録の構成，登記情報の保存・公開，却下や取下げ，登記識別情報に関する勉強が活かせます。

また，所有権保存登記の申請適格者，不動産工事の先取特権の登記手続等権利に関する登記の知識も活かせます。

　さらに，土地家屋調査士法は，司法書士法に類似しています。

　記述式問題については，表示に関する登記の申請情報および図面の作成が求められます。司法書士試験経験者であれば，表示と権利の違いはあれど，申請情報の意味を一から学習する必要はないでしょう。

木村ポイント

不動産登記の表題部と権利部をすべて扱えるようになればその道のスペシャリストといってもいいでしょう。同じ不動産登記を扱うので当然相性はよい資格といえます。ワンストップサービスが可能になるのでお客様にとってもメリットは大きいはずです。

土地家屋調査士試験と行政書士試験

　行政書士試験経験者であれば，他の受験生より有利に土地家屋調査士試験の学習を進められます。

　土地家屋調査士の民法の試験範囲は，現時点では，総則，物権，相続等，限定的ですが，今後，より広い範囲の民法に関連する出題が増えることも予想されます。そうなると，行政書士試験で学習した民法の全般にわたる知識は，強味になること間違いありません。

木村ポイント

実務においては，田や畑（いわゆる農地）をそれ以外の利用目的で使用する場合，農地法という法律で規定する一定の許可または届出が必要になります。
この許可申請（届出）を業とできるのは行政書士です。そして例えばこの許可を受けて畑を駐車場にすると，不動産登記の地目変更登記の申請が必要になります。これを業とできるのは土地家屋調査士です。
したがって両方の資格を所有していればここもワンストップサービスが可能になるのです。

実際に私の受講生でも土地家屋調査士に合格した後に行政書士を取得する
人は多いですし，逆に行政書士の資格を持っている人が土地家屋調査士を
目指してやってくることも多いのです。やはりそれだけ相性がよいという
ことになるでしょう。

土地家屋調査士試験と宅建試験

　宅建士の試験でも民法は試験範囲です。

　また，民法以外にも，借地借家法，建物の区分所有等に関する法律（区
分所有法）の知識が役に立ちます。さらに，民法の相続の知識は，択一問
題だけでなく，記述式問題を解く際にも必要になる場合があります。

　さらに区分所有法は，不動産登記法に規定する敷地権という内容を学ぶ
上での前提知識として必要になります。ここは土地家屋調査士受験生が最
初につまずく部分です。

　あらかじめ宅建の学習で区分所有法の知識があれば初めての人よりもイ
メージがつかみやすいでしょう。法律を学習するコツは，難しい条文を暗
記するよりもまずは頭の中にイメージを描くことです。

$\boxed{Q5}$　午前試験免除ってどういうこと？

午前試験を免除にする人が多いです。

測量士補経由の受験者がほとんど

　さてここまで受験資格等について書いてきました。

　54頁の試験概要を見ると土地家屋調査士試験は午前の部と午後の部の2部制になっていることがわかります。

　では受験生は皆この両方を受験しているのでしょうか。実はそうではありません。ほとんどの受験生は午前の部は受けず，午後の部だけを受験するのです。なぜそんなことができるのか。

　それは午前の部の免除を受けられる方法があるからです。なにもズルをするわけではなく，一定の資格を持っている人は午前の部を免除されると決まっているのです。

　ではその資格とは何なのか。

1. 測量士補
2. 測量士
3. ２級建築士
4. １級建築士

　このどれかを持っている（試験に合格している）だけで土地家屋調査士試験の午前の部が免除され，午後の部の受験だけで済むのです。

ただ既にこれらの資格を持っているという人は多くないですよね。

　普通ならわざわざ別の試験を受けるよりは午前の試験も受けようと考えるでしょう。でもそれはリスクが高く合格の可能性をぐっと下げてしまうのです。したがって，上記の４つのうちどれかを取得してしまった方がよいのです。ではどれを選ぶか。

　それは断然１．の測量士補です。

　受験資格がなく，比較的短期間の学習で合格をすることができます。土地家屋調査士の試験とは異なり独学で取得する人も多いためおすすめです。

▌ 測量士補について

　とはいえ測量士補というと「やっぱり数学でしょ……私には無理」と思う人もいるでしょう。でも，大丈夫です。

　測量士補がどんな試験なのかをざっくりと説明しますね。

　内容は測量に関する知識と計算です。五肢択一問題28問のうち18問正解すれば合格という，絶対評価の試験です。

　最初は測量用語や計算にとまどうかもしれませんが，過去に出題された内容が繰り返し出題されやすいという特徴があるので，出題頻度の高い過去問をしっかりやり込むことで比較的短期間で合格レベルに達することができます。

　28問の内訳は，例年，文章による正誤判定問題が17問前後，計算問題が11問前後です。計算問題のパターンはそこまで多くなく，覚えた計算式に与えられた数値を当てはめるだけで解答を導くことができるものがほとんどです。

　数学が苦手な方でも計算式を暗記してしまえばなんとかなります。学習時間は土地家屋調査士試験の４分の１程度で大丈夫です。

木村ポイント

多くはありませんが市販本もありますし，国土地理院のホームページから過去5年分の本試験問題と解答をダウンロードすることができます。もちろんLECでも土地家屋調査士の講座と併せて測量士補の講座も用意しています。しっかりと対策をとりたい方は予備校を使うと安心です。

＜測量士補試験の概要＞

①願書配布・出願
受験資格：制限なし（どなたでも受験できます）

願書配布・受付：1月初旬〜1月下旬

　国土地理院または地方測量部・沖縄支所，（社）日本測量協会及び各地方支部，各都道府県の土木関係部局（東京都は都市整備局）の主務課

受験地：全国14箇所（北海道，宮城県，秋田県，東京都，新潟県，富山県，愛知県，大阪府，島根県，広島県，香川県，福岡県，鹿児島県，沖縄県）

受験料：2,850円

②試験日程
試験日：例年5月第3日曜日 13：30〜16：30

合格発表：例年7月上旬

③測量士補試験 傾向と対策
出題形式と範囲

択一式　28問。1問25点の700点満点で，450点以上で合格

試験範囲　測量に関する法規，多角測量，汎地球測位システム測量，水準測量，地形測量，写真測量，地図編集，応用測量より計28問

④出題傾向
　試験科目が8科目あるため，一見すると学習量が多く感じられますが，あくまでも測量という一つの技術についての出題であるため，各科目に共通して出題される概念は多いです。過去に出題された問題が繰り返し出題されやすい傾向にあるので，出題頻度の高い論点についてよく検討することが試験合格への最短ルートとなります。

ギャップがおもしろい試験

　土地家屋調査士試験は，ギャップがおもしろい試験です。

- 六法を使って法律を学ぶ
- 測量のための数学を学ぶ
- 三角定規を使って作図をする

こんな試験，ほかにあります？

　実際に土地家屋調査士として活躍されている方は理系の人も文系の人もいらっしゃいますし，大学院まで出ている人もいれば中学までという人もいます。

　土地家屋調査士の方に接すると，資格というのは学歴などを取っ払って自分の腕で生きていくための術だと実感します。

　先ほども書きましたがこの試験は受験資格がありません。誰でもチャレンジできるところも常に門戸が開いているといった感じがしますね。

　土地家屋調査士の実務は外業と内業があり，試験は法律と数学がある，どちらも非常に特徴的でやりがいのあるものです。

　たくさんの方に認知していただきチャレンジしていただきたいですね。

第 **3** 章

\知りたい！/

短期合格の
秘訣

Q1 どうすれば短期合格できますか？

とてもシンプルです。
Ａランク論点を大事にすることです。

短期合格する人の共通点

　勉強すべきところをやる。これだけです。

　合格までに遠回りする人の特徴としては，勉強をしてはいるけれど，すべきところができていないという人が多いのです。

　この勉強すべきところを私たちはＡランクといい，勉強の必要性が低いところをＣランクといっています。

　ランク分けの基準は，当然ですが試験に出題される可能性の高さです。ＡランクができていてＣランクを勉強しているのなら合格できます。ただＡランクができていないのにＣランクを勉強している人はどうでしょう。これではいつまでたっても合格できません。

　短期合格する人はこの見極めがきちんとできているのです。

択一対策にはテキストベースの勉強がおすすめ

　択一対策としては他の法律系資格試験の勉強方法と大きく変わるところはないと思います。

　テキスト，過去問，六法これらを使って勉強していくことになりますが，ポイントはどこに重点を置くかです。

1. 過去問をひたすら回す。

2. 最初から六法を引き，条文に慣れる。

3. テキストをベースに論点を理解しながら過去問を解く。

　どれも間違いではないと思いますが，私は断然３．のテキストベースの勉強法をおすすめします。

　土地家屋調査士試験は難関試験の一つです。１．のような過去問丸暗記の対策で合格点をとることは困難です。

　さらに，２．のように最初から六法をベースにした勉強では，長続きしません。多くの人は途中で挫折してしまうでしょう。

　条文も必要ですがその内容をかみ砕いて理解することのほうが重要です。条文に触れるのはその後でも遅くありません。

木村ポイント

　ちなみに六法全書というと厚い！重い！かさばる！　とにかく持ち運びには不便ですよね。

　私は講義に使うときはこんな感じで持ち歩いています。

　　　　　　　　　　　　　　　　　　　　持ち歩く部分はこれだけ

▶必要な部分と，不要な部分に分けた六法

　調査士試験で使う法律は民法，不動産登記法，土地家屋調査士法くらいなので残念ながら８割使いませんね。だから私はごめんねと言いながら切って必要な部分だけにしてしまいます。まぁ六法にとってもきれいに飾っておかれるよりも破られてしっかり使ってもらった方がうれしいでしょう（笑）。

　ということで，一番効率が良いと思うのは，前述の通り３．のテキスト

＋過去問です。テキストで内容を理解し，その分野がどのように問われるのかを過去問で確認する。この繰り返しで択一問題を攻略します。とてもシンプルです。

記述式対策は関数電卓や三角定規に慣れることから

　次に記述式の対策ですが，これが，とにかくほかにはない特徴的な試験です。

　日常生活で関数電卓を使う人はなかなかいませんし，三角定規を使って図面を描いているという人もいないでしょう。三角定規なんて何十年も触っていないという人がほとんどだと思います。

　そうすると，まずはこれらの道具に慣れていかなければなりません。ただ慣れるだけでなくこれらを使いこなさなければならないのです。したがって，短期合格を目指すのなら断然予備校を利用するべきです。

　実際に関数電卓や三角定規の使い方を映像で配信している講義を受講すると安心して学習できます。

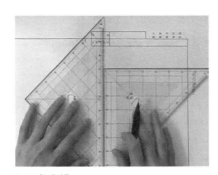
▶三角定規

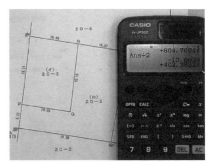
▶関数電卓

Q2 合格スケジュールはどう組む？

一発合格する！　という気持ちで進めましょう。

逆算が大事

　まずは10月の試験から逆算していつ勉強をスタートするかを考えます。土地家屋調査士試験の合格までのトータル学習時間は一般的に平均1,000時間といわれています。ピンとこないですよね。

　1年365日で学習を終わらせようとすると1日3時間の勉強でだいたい1,000時間になります。

　したがって，通学で授業を行っている予備校では，10月の試験に合わせて前年の9月頃に開講するところが多いですね。

　もちろん通信講座ではもっと早く始められるでしょう。1日の学習時間をもっと取れる人は9〜10カ月でも可能でしょうし，逆の人は1年半かけてスケジュールを組んでもよいのです。

　ただし1年にしても1年半にしても，スケジュールを立てて，受験年度を決めたら必ずその年に合格するつもりで勉強を続けることが大事です。

木村ポイント

人間のモチベーションはそれほど長く続くものではありません。何度か受験していつか受かればいいやと思っている人はいつまでたっても受かりません。

通信教育が発達している今は短期合格が可能です！

　ベテランの土地家屋調査士の先生に伺うと5年10年の受験期間は当たり前だったとおっしゃる方も多いのですが，やはり今は環境が違います。予備校も増えたし，通信教育の技術も発達しているので自宅にいながらわかりやすい映像授業が受講できます。したがって一発合格者も少なくありません。

　綿密な計画を立てて一発合格を目指しましょう。

【模範スケジュール】

9 〜 11月　　民法＋記述式10問

12 〜 2 月　　不動産登記法＋記述式10問

3 〜 5 月　　不動産登記法＋記述式10問

6 〜 7 月　　土地家屋調査士法＋記述式10問

8 〜 9 月　　模試

学習開始直後はわからなくてもどんどん先に進める

　勉強を始めるのであれば注意して欲しいことがあります。それは，多少わからなくても，あまり細かいことにはこだわらず一旦進めるべきだということです。最初から細かいことばかり気にしていると学習も進みませんし，途中で挫折することになりかねません。

　択一対策にしても記述式対策にしてもまずは一旦進めます。そうすると2周目3周目でわかることが出てきます。

木村ポイント

「木を見て森を見ず」なんて言葉もありますね。一本の木ばかり見ていると自分がどこにいるかわからなくなります。要は自分が何をしているのかがわからなくなるのです。まずは大枠をつかみましょう。そしてだんだん内側に攻め込んでいけばよいのです。

1週間のルーティンを決める

さらに，学習をスタートしたら，早いうちに1週間のルーティンを決めることをおすすめします。

例

仕事の日（月～金）

● 朝出勤前　記述式問題1問

● 移動時間や休憩時間　テキスト読みや択一過去問

● 夜就寝前　記述式問題1問

休日（土日）

休日は普段の倍の時間を目標に　いつもの内容＋苦手分野の克服

目安は一週間で20時間。

もちろん時間よりも中身が重要ですが，ある程度決めることで身体が勝手に動くようになれば勉強が習慣になります。

特に記述式の学習は勉強というよりも訓練というべきものです。やらないと気持ち悪くて眠れないというような身体を作ってしまえばよいのです。眠くてたまらないときにテキストを読むのは地獄ですが（笑），計算や作図は逆に目が覚めますよ。これも調査士試験の学習のメリットの一つです。

働きながら，主婦しながら合格！
おすすめの「ながら」勉強法

藤田　由華

PROFILE

　働きながら，主婦しながら，土地家屋調査士を目指して通信で勉強し，2021年測量士補合格，2022年土地家屋調査士試験2回目の挑戦で合格。仲間とアマチュアオーケストラ楽団を設立し，代表としても奮闘中。Twitter名は走り続けるくらら。

Q　土地家屋調査士を目指したきっかけは？

　元々は電気関係のベンチャー企業で働いていました。20代でも責任ある仕事を任せてもらい，完全なる実力主義でした。仕事にやりがいも感じていましたが，会社の業績が下降傾向にあるのを感じ「このままでは40歳くらいで職を失うのでは…」と転職を決意しました（実際，辞めた2年後に支店が潰れました）。

　その後，技術職を目指したいと思い電気設備設計会社に転職しましたが，女性はお茶くみという昭和スタイルの会社でカルチャーショックでした。

　仕事にやりがいを感じられず，夫に相談すると，「今までのベンチャー企業の方が稀で，まだ女性が活躍するのは難しいのが現状だし，そもそも雇用されるよりフリーで活動するほうが向いているのでは」と指摘され，衝撃を受けました。

　再度人生を見つめ直し，仕事に求める条件を整理しました。

- やりがいのある仕事で出来れば技術職
- 何かを勉強し続けられる仕事

- 定年がなく，できるだけ歳をとっても仕事がしたい

- 女性でもバリバリ働ける

- 今からでも大学等に行き直さず，自分の努力で何とかなるもの

　この条件に合っているのが土地家屋調査士でした。

Q　勉強しながら仕事と家事，両立はどうしましたか？

　土曜日も仕事がある状況で，通信を受講しました。予備校は，知り合いがLECで合格していたので信頼してLECを利用しました。

　仕事と家事に加えて，アマチュア楽団もやっているので，正直大変で「キーー！」となることもありましたが，どれも妥協したくはなくて，頑張りました。欲張りな性格ですね。

　私の人生は今までも波乱万丈で，1つだけに集中できることはなかったので，優先順位を考えながら両立しました。とにかく長時間の勉強時間の確保が難しかったので「ながら勉強」をしました。

- 家事やメイクをしながら2度目，3度目講義を聞く

- メモアプリに申請書の書き方や論点を入れて，ショッピングモールでトイレを待っている時間も。通勤時間20分には理論のテキストを読み込み

- 択一は筋トレやストレッチをしながらする

　ただ，1回目の講義視聴や記述の問題だけは，何とか時間を割きました。

Q　数学は得意だった？

　どちらかというと数学は好きでしたが，図形は苦手でした。測量士補の勉強では，3Dがイメージできなくて，立体図形を作ったりしていました。苦戦しましたね。暗記に走ると応用が利かないので，根本的に理屈を考えるようにしていました。

Q 調査士の勉強でおもしろい所，難しい所は？

　法律の勉強なのか，と思いきや，数学的要素や記述式の読み取り，図面作成等，他の試験にはないバラエティがおもしろいですね。

　難しい所は，電卓や三角定規を駆使しないといけない点です。私は三角定規が苦手で，使い慣れるのに時間がかかりました。

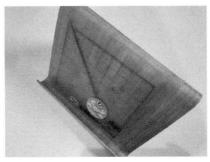

▶三角定規は LEC のもの，妹お手製のケースに入れていました。

Q 愛用の勉強道具はある？

電卓は LEC のおすすめのものを買いました。高校生みたいですが，電卓カバーにプリクラを貼ってました。

・シャープペンシルは特にこだわりなし
・申請書用ボールペン uni-ballSignoRT 1 の0.28
・図面用ボールペン uni STYLE FIT の0.28
　（ボールペン2つはいろいろ試して自分に合うのがこれだった）
・4色フリクション0.38（赤，黒，フォレストグリーン，ライトブルー）
・ナリンのアロマオイル

アロマオイルは偏頭痛等にきくスイスのアロマブレンドで，答練や試験前に緊張を和らげるためにこめかみに塗って気持ちを落ち着かせていました。4色フリクションは，記述の問題で座標値や計算で出す筆界点などを色分けしていました。色が同じだと見間違えたりするので，パッと見てわかるようにしていました。

　また，電車内でテキストを見るのに，ドカドカと「土地家屋調査士」と書いてあるのも恥ずかしかったので，かわいいブックカバーでテンションを上げました。

▶ブックカバー

Q　各科目の勉強法は？

　択一や記述の穴埋めについては，とにかく理論のテキストの読み込みしかありません。択一だけやっているとできるような気がしてきますが，いざ記述や口述試験で問われると全然できなかったりします。択一を解いて対応する理論のテキストを読むことで，変化球にも対応できるようになりました。さらに，どうしても覚えられないところは自分で表に書いてまとめて整理しました。

　記述の土地についてはとにかく座標値を出すことはこだわらず，部分点をとるようにしました。座標値は出せるとすっきりしますが，申請書とか図面を先に終わらせたほうが気持ち的にゆとりができます。実際，令和4年試験では，1つ座標値が出せずに終わりましたが合格できました。

　建物については，いかに早く正確に問題文を読むかが大事です。読み取

りミスは致命傷になるからです（そうはいっても，本試験では建物の壁厚をミスしました……）。

Q　これからの展望は？

実務経験がないのでまずは補助者として頑張りたいです。先々は，独立して，皆が働きやすい事務所を作りたいと夢見ています。私自身，うつ病にかかったり，周囲の人が発達障害を持っていたりすることがあって，心理学を学んだり，サポートの方法を色々考えました。そうした経験も活かして，障害を持った方も働きやすい職場を作れればと思っています。

さらなる夢は「お城」を建てること！　オーストラリアに旅行した時，パロネラパーク（お城の跡地）を見たんです。パロネラ氏がヨーロッパからの出稼ぎで財を築いて，自らの構想で建設したものらしいのですが，とても素敵でした。いつかそんな「お城」を……と野望が尽きません（笑）。

Q　受験生へのメッセージをお願いします。

「とにかく自分が知らないことは皆も知らない！」。本試験では，自信満々で挑んでください。見たことのない問題も出ましたが，「こんな問題で精神を乱されるな！」「絶対こんなところで負けない！」と割り切りました。平常心を貫くことが大事です。

過酷でつらい試験ですが，人と比べて病んだりすることはせず，自分自身が敵だと思い，前だけを向き続けるのがよいと思います。

合格者インタビュー②

偏差値 50 の高卒でも，
朝学習で一発合格！

永野　寛人

PROFILE

平成15年鹿児島の公立高校普通科卒業後，平成15年京都の調理師専門学校入学。平成16年京都の割烹に就職，平成20年鹿児島市の地元の不動産会社へ転職し，以降，同業種3社を経て現在に至る。

Q　たくさん資格をお持ちですが，何故土地家屋調査士試験に挑戦？

不動産会社に勤務していますが，仕事上，建物表題登記や表題部の変更登記，土地の地目変更等を依頼することが多くありました。ただ，うわべだけの知識だと土地家屋調査士からの専門的な話についていけないことがあり対等に会話をすることができませんでした。また，自分が理解できていないことによって自分の言葉でお客様にうまく説明できないこともありました。自身の知識向上とお客様へきちんと説明するためにはより深い知識が必要不可欠と思い，土地家屋調査士試験に挑戦することとなりました。

Q　どんな勉強をしましたか？

平日は朝3時から6時30分まで早朝学習をしていました。学習内容は土地，建物の書式については時間制限を設けて1問ずつ，その他の時間は全て択一問題の学習をしていました。休日はその早朝学習に加えてプラス3～4時間程度，合計7時間～8時間は学習していたと思います。学習内容についてはLECの答練や弱点を克服する学習に充てていました。

Q 小さいお子様がいながらの勉強は大変ではなかったですか？

大変でした。家族の理解こそあったものの何もしないわけにはいきません。そこで取り入れたのが，先述の通りの早朝学習です。早朝学習は誰にも迷惑をかけず，頭も冴え，余計なストレスも溜まりませんのでおすすめです。ただ，たまに猛烈な眠気に襲われていたのも事実です（笑）。妻と子供たちには協力してもらい大変感謝しています。

▶子どもの応援に励まされた勉強机

Q 数学は得意？

高校以来，数学と呼べるものに取り組んだ記憶が一切ありません。不得意というレベルではなく，全てを忘れている状態でした。ですが，LECの講座では基礎的な数学から学ぶことができたので徐々に土地家屋調査士試験で必要な知識を取得できたと思います。

いきなり本試験レベルのように関数電卓を扱うことは当然できませんので，LECの教材で1つひとつ講座を進めることによって，実力を着実に身につけました。

Q 調査士試験の勉強で苦労したところは？

　記述式の学習が一番苦労しました。座標が出ないと頭を抱え込みますし，出題の内容と意図を理解できず，全く異なる回答をしたことも多々あります。また，制限時間を設けても，作図が全くできないこともザラにありました。

　おそらく，私に限らずこのような形で記述式の壁にぶち当たる方は多くいると思います。記述式の学習はマラソンと似ているところがあると思います。マラソンを走ったことがある人はわかると思いますが，目標とする時間以内に走るには日々のトレーニングが必要不可欠です。今日頑張ったからといって，明日は早く走れるなんて誰一人としていません。私は記述式の学習をマラソンのトレーニングだと思い続けてきましたが，当初80分〜 90分，場合によってはそれ以上かけて何とか完走できたものが，試験直前には40分台で完走できるようになりました。

　安定した力を発揮するためには，記述式答案用紙を1枚1枚重ねる地道なトレーニングが一番の近道だと思います。そのトレーニングはきっと実を結ぶはずです。

Q 効果的だと思った勉強方法は？

　ツイッターを介して，土地家屋調査士試験の受験生の仲間に出会い，一緒にオンライン学習をしたことです。択一の学習については仲間同士で質問することもたびたびありましたが，自分の言葉で説明できない場合は理解が足りないと感じることもありました。また，仲間からのわかりやすい解説により自分の誤った理解にも気付くことができ，弱点を克服することができました。

　他にも効果的だと感じたのはオンラインでの本試験形式の学習です。内容は過去問を制限時間2時間30分で解くというシンプルなものですが，仲間たちと本試験形式でやると思った以上に緊張し，ケアレスミスを頻発しました。

しかし，同じような形式を複数回行うと，次第に緊張せずにできるにように

なり実力通りにできるようになりました。

　この学習のお陰で本試験では大きな緊張はしなかったと言っても過言ではありません。試験を終えてからも，一緒に学習した仲間たちとはその後も交流が続いており，実際に会ったり，オンラインで飲み会もしています。年齢や地域を超えて素敵な仲間と出会いました。

Q　各科目の勉強方法は？

　択一及び記述式についてはLECの講座と書籍に頼りました。民法については宅建での知識が多少はあったものの，宅建に合格した平成20年以降の勉強だったため苦労しました。そして，民法は範囲が広いためどこまで手を広げるべきか悩みましたが，LECの講師に相談して，LECが出版している宅建のウォーク問（権利関係）まですることにしました。結果的には本試験では3問取ることができました。

　不動産登記法についてはLEC初学者コースについてくる肢別過去問を5回以上まわしました。そして，追加でLECの分野別過去問を購入し本試験に挑みました。加えて東京法経の六法も購入し，知識を補い，結果的には本試験で不動産登記法は16問とることができました。

　記述式の学習においてもLECの初学者コースのものをメインの教材としました。LECの講座では基礎を養い「全体構造編」，応用力を身につける「徹底解析編」というステップがあります。徹底解析ではその名の通り，過去問をLECの講師陣が解析して，本試験レベルの力をつけるための講座です。

　「徹底解析編」まで順調にこなせるようになると，その後に購入した書式の過去問は一定のレベルで解答することができるようになります。

　振り返ると，全体構造→徹底解析→過去問と段階を経て学習すると必ず力がつきます。そういうプログラムをきちんと組んであるのがLECの教材だと思います。それでも自分の学習方法が適切なのか不安だったので，

一定の実力がついた段階で木村先生に学習相談をお願いしました。

▶使ったたくさんの教材

Q　受験生へメッセージをお願いします。

　自分を卑下しているわけではありませんが，私の最終学歴は偏差値50程度の高卒です。

　土地家屋調査士試験に必要な知識としては平成20年合格の宅建の民法の知識程度しかありません。加えてとても忘れっぽい人間です。学習する前はこんな自分が合格することができるのかと不安でしたが，1年3カ月の期間，平日は3時間30分，休日は7時間程度休まず学習することで何とか一発合格することができました。

　今になっていえることですが，私が感じた土地家屋調査士試験は例年合格率こそやや低いものの学習の範囲はそれほど広いものだと感じませんでした。そう感じさせてくれたのは私が受講したLECの教材が必要最低限の学習で合格に導いてくれたからだと思います。また，LECに限らず他の資格学校も必要以上に学習させることはないものだと思いますので，受講したものを信じて学習してください。

最後になりますが，私は答練や模試で一度も A 判定を取ることができませんでした。C 判定がメインでたまに B 判定があったくらいです。一番ひどいときは 6 月に行われた東京法経の模試で建物の点数が 2 点ということもありました。それでも日々の学習を継続した結果，本試験では記述式及び択一ともにまずまずの順位で合格することができました。

　これからは，不動産に詳しすぎる，少し変わった不動産営業マンとして更なる知識向上に励んでいきたいと思います。

　つかみ取った資格は一生の宝物です。己を信じて頑張ってください。

合格者インタビュー③

公務員として働きながら合格！
今は受験指導も

中村　真志

PROFILE

　大学（法学部）卒業後，平成22年東京消防庁に入庁，令和４年東京法務局に入局。平成29年行政書士資格を取得。令和３年土地家屋調査士の資格を取得し，土地調査士業界へキャリアチェンジ。

Q　土地家屋調査士の資格を取得した理由を教えてください。

　私は，東京消防庁（地方公務員），東京法務局（国家公務員）と，通算約13年もの間公務員生活をしてきました。

　公務員は，一般的に安定していると言われており，悪いことをしなければクビにはなりませんし，毎年給料も上がっていきます。

　ではなぜ土地家屋調査士資格を取得したのかというと，今は亡き父の影響が大きかったように思います。

　父は私が生まれた頃から小さな会社を経営しており，持ち前の明るさで事業を軌道に乗せ，数人の従業員にも支えられながら生涯を経営に捧げてきました。

　父親の仕事について，若いころの私は一切興味がなかったのですが，父を病気で亡くしたあと，ふと父の人生はどういうものだったのだろうかと父が見ていた風景が覗いてみたくなり，いつのまにか経営者という立場に立ってみたいと思うようになっていました。

　しかし，手に職を持たない私が闇雲に起業しても廃業するのがオチです。家庭があることも考えると廃業率の高い業種に挑戦するわけにはいきませ

ん。そこで目をつけたのが士業です。士業の廃業率は飲食店のそれと比べると低いと言われており，家庭を持ちながらの挑戦なら士業でしようと考えました。そこで，まずは法律系資格の登竜門と言われる行政書士の資格を取得することにし，これになんとか合格することができました。

　行政書士の資格をさらに活かせるような資格がもう一つあると独立開業がしやすいなと思い，他士業の資格を調べていたところ，土地家屋調査士の資格を見つけました。

　土地家屋調査士の仕事は，内業も外業もあり，体力も知力も必要なことから，「体育会系法学部卒（造語です。）」の私のためにあるような資格と言ったら言い過ぎですが，感覚的にこれしかないと思い，受験を決意しました。結果的に4回受験することになりましたが，令和3年度の試験でなんとか働きながら合格することができました。

Q　法学部出身ですが，土地家屋調査士の数学はどうでしたか？

　ご承知のとおり，土地家屋調査士試験では高校数学で習う三角関数等を使用します。

　そのため，数学が苦手なゆえに土地家屋調査士試験を敬遠し，他資格を受験することにした方は思いのほか多いと思います。

　私は，数学が誰よりも苦手だったので，試験勉強を始めるにあたり，小学校の算数をおさらいし，中学数学を勉強しなおした上で，午前の部が免除となる測量士補試験にチャレンジしました。

　測量士補試験では土地家屋調査士試験と同レベルの数学が登場するので，ちゃんと理解して暗記する必要がありました。

　私がどのようにして測量士補の数学を勉強したかというと，何もわからない状態からいきなり過去問題集を解いていきました。

　当然解くことはできないので，すぐに解説を読んでいました。解説で分からなければネットで調べたり，動画サイトを見たりして解き方を覚えていきました。

予備校を利用していればもっと早く理解でき，時間の短縮になったかもしれませんが，闇雲に勉強を進めてもなんとかなるのが測量数学だと私は思っています。必ず中学数学，高校数学の基礎から学ばなければならないなんてことはなく，試験に出てくる三角関数，座標計算を中心に勉強すれば十分だと思います。正直言って小学校の頃に覚えた九九の方が大変ですよ（笑）。

　とはいえ，中には高校時代に三角関数でつまずいたという方もいるかもしれません。そのような方はきっとただひたすら公式を覚えていく作業をし，目的なく問題を解くという勉強方法だったのではないでしょうか。もしそうだとすると苦手に感じて当然だと思います。

　測量数学では「目の前の土地の面積を測る」といった究極の目的があります。与えられた条件のなか角度や辺長をどうやって出そうか，どうやって面積を出そうかと考えているときに三角関数でパッと算出できた時は，学生時代の勉強とは比較にならないほどの感動や快感を覚えます。

　私はこれまで数ある国家資格にチャレンジしてきましたが，土地家屋調査士試験は群を抜いて勉強が楽しい試験だと思います。

　人一倍数学が嫌いな私が数学は楽しいものだと教わった試験です。本当に数学が苦手な超文系の方でも絶対になんとかなります。

Q　予備校は利用しなかったのですか？

　私の受験歴は4回で，3年目まで独学でやっていて，合格した4年目は大手予備校のLECで答練中心のコースを受講していました。

　この資格を独学で勉強するのに一番つらかったことは市販の教材が少なすぎるということでした。特に記述式問題を解くにあたっては，申請書のセオリーだったり，関数電卓の上手な使い方だったり，三角定規の効率的な動かし方だったりの情報が記載された書籍はほとんどありません。

　もともと要領が悪いことも相まって，記述式の解き方を一通り覚えるのに3年近くかかってしまいました（泣）。

基本テキストについても，早稲田法科専門学院の『土地家屋調査士受験100講』くらいしか現時点では出版されていないのではないでしょうか。他資格試験用によくある，一冊にまとまったわかりやすい基本テキストなどは売られていないので，情報収集にはかなり苦労しました。

　ただ，今はインターネット等に情報が溢れている時代です。ブログ，SNS，動画サイトに，土地家屋調査士試験の勉強法がたくさん掲載・配信されています。この中から理解できていない部分や苦手な部分が解説されているものだけを自分で取捨選択していき，なんとか必要な情報を集めて3年目には合格レベルまでもっていくことができました。

　4年目に初めて予備校を利用したときには，講師からは目から鱗な情報が満載であったのと，質問制度があり，かなり丁寧に答えてくれたのでさらに学力が飛躍したように感じます。

Q　合格後，調査士試験ゼミを開催したそうですが？

　合格後，令和4年度受験生約20名をSNSで募り，「調査士試験ゼミ」というのを実施しました。

　公務員なので，もちろん無償のボランティアです。

　受験生に向けて指導をするというよりは，私が4年間の受験で培った知識，技術がなくなってしまうのが嫌で，「誰かに伝承したい！」という想いにゼミ生が付き合ってくれたという感じですね。

　ゼミの内容は単純で，各々同じスケジュールで同じ過去問を解き，その結果をチャットし合い，疑問点などはゼミ生同士で解決していくというものが主たるものでした。

　私がしていたことは，ゼミ生同士でも解決できないことについてアドバイスしたり，平成21年や平成24年の土地などの難しい過去問についても捨て問にせず，全員が解けるように動画で説明したりしていました。

　また，マンネリにならないよう結果を集計して定期的にランキング付けをしていました。お陰様で多くの合格者を輩出することができました。

令和5年度向けのゼミも始動しています。

Q　受験指導や4回の受験を通じて，「こうすればもっと早く合格できたな」と思う勉強法はありますか？

やはり最初は予備校を利用した方がいいですね。最初は必要な情報を取捨選択するのが難しいし，取捨選択できるようになっても体系的な勉強をしていないのでやはり効率が悪かったように思います。

そして，合格レベルに早く到達するのに一番大事なのは勉強仲間を作ることです。これは友人ごっこなどのたぐいではなく，終わってみれば戦友と言い合えるほどに頑張り合える仲間ということです。

特に書式を一緒に解いて答案を採点し合える仲間ができるといいです。お互いのくせや自分の気づかない間違いを指摘し合うことができますし，指摘されると悔しいので，次は絶対同じミスはしないようにします。その繰り返しによりミスが限りなく少ない答案を作成できるようになってきます。

予備校の答練も同じ効果はありますが，身近な人からの指摘はより高いモチベーションにつながります。そのような場があるだけで合格までの距離がぐっと近くなると思い，ゼミを始めたというのはあります。

Q　今後資格者としてしたいことはありますか？

土地家屋調査士の資格を活かしてできることは全てやりたいと思っています。

まずは，この資格を活かして法務局の職に就くことができました。表示の仕事で図面をいじったりするのはゲーム感覚で本当におもしろいですね。

それとやはり土地家屋調査士としてしっかりと活躍したいです。将来的には，筆界特定，ADR（民間紛争解決手続代理関係業務），鑑定業務，地図作成業務等にも関わっていくことができればうれしいです。

また，調査士試験ゼミの運営を通じて受験生を応援する楽しさやゼミ生

が合格することの喜びを知ってしまったので，受験指導も仕事にしたいと思っています。

　土地家屋調査士という資格は，土地や建物の現況をミリ単位で調査測量して法務局に登記申請の代理ができる唯一の資格です。専門性が非常に高く，自らの知識・技術で働くことができる文武両道でとても格好いい仕事なので，どんどん一般の人たちに知って欲しいと思いますし，それで受験生も増えていってくれるとうれしいですね。

第 **4** 章

\\知りたい！/

択一対策の
コツ

Q1 民法攻略のコツは？

どの資格試験でも一緒ですが，民法は図を描いて
登場人物を整理しながら理解します！

民法の学習方法のポイント

　土地家屋調査士の試験では，民法の科目は多肢択一問題で20問中３問出
題されます。50点満点中7.5点と配点としてはさほど大きくはありませんが，
不動産登記法の理解には必須なので，おろそかにしてはいけません。民法
を学習するにあたっては，以下がポイントとなります。

● 複雑なものは図を描いてイメージでとらえる。
● 原則と例外をセットでおさえる。
● 重要度の高いＡランクをしっかり取れるようにする。勉強するところ，捨て
　るところの取捨選択が重要。
● 法律家になるわけではない。あくまでも調査士試験に合格するために必要な
　民法の学習と割り切って勉強する。

　民法は私法の代表選手であり，特定の人や事柄だけに適用されるのでは
なく，広く一般的に適用される一般法（実体法）とも呼ばれるものです。

● 民法⇒一般法（実体法）
● 不動産登記法⇒手続法※
　※実体法が定める法律関係を実現するための手続を定める法律

民法の学習は「Ａランク論点」だけでよい

　民法は1000条以上あります。とにかく幅が広い法律ですからこれを隅か

ら隅まで勉強するのは1年では到底無理ですし，またその必要もありません。

　完璧を目指さず，「Aランクからの出題は絶対に取る」というスタンスがよいでしょう。「やってないところからの出題は捨てる」でよいのです。

　一方で民法は私たちの日常生活における権利・義務について定めた法律でもあるので，極論ですが，学習していないところからの出題があったとしても，「常識的に考えたらこうかな」という考え方で正解できることもあります。

　最後まであきらめてはいけません。

土地家屋調査士試験における民法の出題範囲と過去問

　民法は大まかに分けて総則，物権，債権，親族，相続からなりますが，債権，親族についてはほぼ出題されません。

　では，他資格試験経験者であれば，触れたことがあると思われる代理・物権変動・相続について実際に過去問を見てみましょう。ことさら特殊ではなく，他資格試験と似たような出題とわかり安心できると思います。

　※なお，各項目にある解説はわかりやすくかみ砕いた説明にしてあるため，
　　条文通りの表現でないことはご了承ください。

【代理】
Aが未成年者Bを代理人に選任し，BがAのためにすることを示してCに意思表示をした場合には，AはBが未成年者であることを理由として，その意思表示を取り消すことはできない。 R3-1

解答 (正)…未成年者が法定代理人の同意を得ずに行った法律行為は原則取り消すことができます。本問では，未成年者BがAの代理人としてした行為となりますが，民法第102条本文では次のように規定しています。

「制限行為能力者が代理人としてした行為は，行為能力の制限によっては取り消すことができない。ただし，制限行為能力者が他の制限行為能力者の法定代理人としてした行為については，この限りでない。」

制限行為能力者に取り消し権を与えている理由は，制限行為能力者に不利益が及ばないようにするためです。代理行為が有効に成立するとその効力が及ぶのは代理人ではなく本人であり，制限行為能力者である代理人に不利益が及ぶことはありません。それゆえ，取り消し権を与えて制限行為能力者を保護する必要性がない，となります。

【物権変動】

問1　A所有の土地をAがBに売却し，AからBへの所有権移転の登記がされた後，AがBの債務不履行により，当該売買契約を解除した場合において，その解除後，BがCに当該土地を売却し，BからCへの所有権移転の登記がされた場合，AはCに対し，登記なくして当該土地の所有権を主張することができる。

問2　A所有の土地をAがBに売却したが，AからBへの所有権移転登記がされる前に，Cが権原なく当該土地の占有を開始した場合，判例の趣旨に照らせば，BはCに対し登記なくして当該土地の所有権を主張することができる。　　　　　　　　　H29-2

解答

問1　(誤)…転得者CがAB間の売買契約の解除前に現れた第三者なのか，解除後に現れた第三者なのかがポイントとなります。本問のCは解除後に現れた第三者でありAとCは対抗関係になることから，所有権の登記を備えたCが当該土地の所有権を主張できます。よってAはCに対し当該土地

の所有権を主張することはできません。

一方，解除前に現れた第三者Cに対しては，Cが所有権移転登記を具備してしまうとAは対抗することができないものの，いまだBに所有権の登記があるうちは，Cに対し解除による所有権の復帰を主張することができます。

▶解除前の第三者との関係

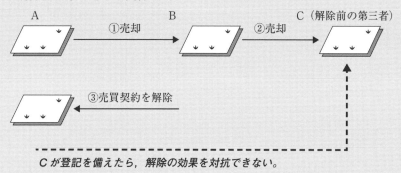

Cが登記を備えたら，解除の効果を対抗できない。

▶解除後の第三者との関係（本問）

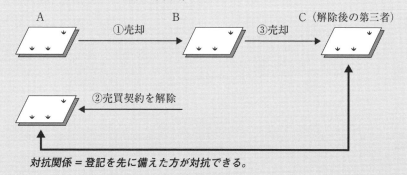

対抗関係＝登記を先に備えた方が対抗できる。

問2　（正）…当該土地を占有しているCが民法第177条に規定する第三者に該当するかがポイントです。Cは権原なく占有している者，要は不法占有者です。したがって民法第177条の第三者には該当せず，Bは登記なくして当該土地の所有権をCに対し主張することができます。

【相続】

問1　Aの子BがAの死亡の後にAの相続を放棄した場合には，Bの子C
　　　はBを代襲してAの相続人となる。

問2　Aの相続人となるべき者が兄Bのみである場合において，B及びB
　　　の子CがAの死亡時に既に死亡しているときは，Cの子Dは，B及び
　　　Cを代襲してAの相続人となる。　　　　　　　　　　　H30-3

解答

問1　（誤）…相続の放棄は代襲原因となりません。BがAの相続を放棄し
た場合，BははじめからAの相続人でなかったとみなされます。したがっ
てCはBを代襲して相続人にはなりません。

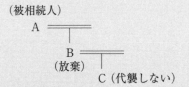

（被相続人）

A ──────
　　　└──── B
　　　（放棄）
　　　　　└──── C（代襲しない）

問2　（誤）…兄弟姉妹の代襲には再代襲を定めた規定は準用されず，代襲
できるのは子に限られます。DはBを代襲できません。

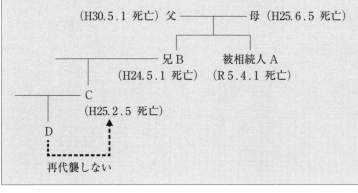

（H30.5.1 死亡）父 ──────── 母（H25.6.5 死亡）

兄B　　　　　被相続人A
（H24.5.1 死亡）　（R5.4.1 死亡）

C
（H25.2.5 死亡）

D

再代襲しない

木村ポイント

いたって普通の問題ですね！　民法のキホンをしっかり理解すれば，恐れ
ることはありません！

$\boxed{\text{Q2}}$ 不動産登記法攻略のコツは？

> 択一対策は，暗記でとれるところと中身の理解が
> 必要なところを区別して学習していくことをおす
> すめします。

手続法である不動産登記法

実体法である民法に対して不動産登記法は手続法になります。

例えば民法第177条で「不動産に関する物権の得喪及び変更は，不動産登記法その他の登記に関する法律の定めるところに従いその登記をしなければ，第三者に対抗することができない。」とありますが，不動産登記法は，実際に不動産登記とはなんなのか，登記とはどのようにするのかを規定する法律なので手続法ということになるのです。

民法を勉強してから不動産登記法を勉強することになりますが，択一試験においては不動産登記法の得点のウェイトが大きいのでしっかり対策する必要があります。

> 民法3問（7.5点）／不動産登記法16問（40点）／土地家屋調査士法1問（2.5点）　計50点

表示に関する手続きが中心

不動産登記は表示に関する登記と権利に関する登記に分かれることから，司法書士試験では権利に関する登記手続が，土地家屋調査士試験では表示に関する登記手続が出題されることになります。

例えば登記を申請する場所はどこの登記所でもよいわけではありません。管轄が決まっていてその不動産を管轄する登記所に申請しなければその申請は却下されてしまいます。また誰でも不動産登記の申請人になれるわけではなく，申請できる者は決められています。

　そして表示に関する登記の中には申請義務を課しているものも多いので，これらを総合すると土地家屋調査士試験の択一問題は

- どこの登記所に申請すればよいのか
- 誰が申請人になるのか
- 申請人はいつから申請義務を負うことになるのか
- 登記申請後はどのような登記手続がなされるのか

　このあたりはとても重要になりますね。

　たとえば，「どこの登記所に申請すればよいのか」については，以下のように出題されています。

> 表題登記がある建物をえい行移転により甲登記所の管轄区域から乙登記所の管轄区域に移動した場合には，甲登記所に所在の変更の登記を申請しなければならない。　　　　　　　　　　　　　　　　**H23-14**

> **解答**（誤）…えい行移転とは建物を取り壊さずに他の土地に移転することです。本問の建物は移動後の管轄登記所は乙登記所に変更するため，所在の変更の登記は甲登記所または乙登記所どちらにも申請できます。

「誰が申請人になるのか」の出題例は以下の通りです。

> 地目が山林として登記されている土地上に住宅が建築された後に当該土地の所有権を新たに取得した者は，その取得の日から１か月以内に，当該土地の地目の変更の登記を申請しなければならない。　　　　　　**H23-16**

解答 （誤）…所有権の登記のある土地の地目変更登記の申請は，当該土地の所有権の登記名義人からしかすることができません。したがって地目が変更した後に当該土地の所有権を取得した者は，自己にかかる所有権移転登記を受けた時から1か月以内に地目の変更の登記をしなければなりません。売買等により実体上その土地の所有者になっても，その者への所有権移転登記をしなければ，地目変更登記の申請義務を負わない。実体上の所有者と所有権登記名義人をしっかりと分けて考える力が必要な問題です。

添付情報

さらに，添付情報に関してもよく問われるところです。

例えば建物を新築した場合の建物表題登記の申請にはどのような情報を添付しなければならないのか，重要な情報はその具体的な中身まで覚える必要があります。

添付情報の一つである印鑑証明書については以下のような出題がされています。

問1　委任による代理人によって所有権の登記のある土地の合筆の登記を書面により申請したときは，申請人は委任状に押印した申請人の印鑑に関する証明書の原本の還付の請求をすることができる。

問2　建物の表題登記の申請をする際に所有権を有することを証する情報として提供した工事施工会社作成に係る工事完了引渡証明書に添付する印鑑に関する証明書は，原本の還付を請求することができる。　H27-9

解答
問1　（誤）…本問の印鑑証明書は原本還付の請求が認められません。
問2　（正）…本問の印鑑証明書は原本還付の請求は認められています。このようにどんな印鑑証明書なのかというところまで覚えなければ，解答できない問題もあります。

Q3 その他の分野の攻略のコツは？

筆界特定や土地家屋調査士法が出題されます。

　筆界特定や土地家屋調査士法は，択一問題の中で占めるウエイトが低いので試験的にはあまり深追いして学習する必要はありません。

　しかし実務的には非常に重要な内容です。筆界特定は受験生が合格後にさらに細かいことまで学ぶ必要がある分野となります。

　また土地家屋調査士法については，知識がないまま業務を行っていると懲戒処分にもなりかねません。倫理規定としてしっかり身につける必要があります。

筆界特定の問題

　「筆界」とは，土地が登記された際にその土地の範囲を区画するものとして定められた線であり，所有者同士の合意などによって変更することはできません。

　これに対し，一般的にいう「境界」は，筆界と同じ意味で用いられるほか，所有権の範囲を画する線という意味で用いられることも多く，その場合には，筆界とは異なる概念となります。

　筆界は基本的に所有権の範囲と一致することが多いですが，一致しないこともあります。そして筆界特定とはある土地が登記された際にその土地の範囲を区画するものとして定められた線（筆界）を，現地において特定することです。新たに筆界を決めるものではなく，調査の上，登記された

際に定められたもともとの筆界を，筆界特定登記官が明らかにすることです。

筆界特定については，以下のような出題がされています。

> 甲土地と乙土地の筆界について，甲土地の所有者が民事訴訟の手続により筆界の確定を求める訴えを提起し，当該訴えが裁判所に継続しているときは，乙土地の所有者は，筆界特定の申請をすることはできない。 H22-10

解答 （誤）…筆界のトラブル解決方法としてはこの項目の趣旨である筆界特定により解決していく方法と，筆界確定訴訟の手続により解決する方法があります。この場合において筆界確定訴訟の手続により筆界の確定を求める訴えに係る判決が確定しているときは，筆界特定の申請は却下されますが，訴訟が継続しているときは，筆界特定の申請をすることができます。

少し細かい内容ですが，筆界特定と筆界確定訴訟の比較はＡランクの内容です。

土地家屋調査士法の問題

土地家屋調査士は，不動産の状況を調査・測量して物理的現況を明確にし，正確な情報を登記記録に反映します。土地家屋調査士法は，台帳業務の適正を図ること，登記手続の円滑化，ならびに不動産による国民の権利を明確にする目的でこれらの業務を専門的に行うために昭和25年7月31日に制定されました。

本試験では必ず1問出題されます（第20問目）。この第20問目は，難易度の差が大きく，基本的な内容からの出題はしっかりとる必要がありますが，「そんなひっかけある？」という年もあります。他の受験生も間違うような細かい論点を問う問題は落としても構いません。Ａランクの問題を確実にとればOKです。

土地家屋調査士は，正当な事由がある場合でなければ，筆界特定の手続についての代理業務及びその相談業務並びに民間紛争解決手続代理関係業務に関するものを除き，依頼を拒んではならない。　R1-20

解答（正）…原則的に土地家屋調査士は正当な事由がある場合でなければ，依頼を拒んではなりません。これは国から認められた独占業務であり，公共性が高いことが理由です。ただし筆界特定の手続についての代理，相談業務および民間紛争解決手続代理関係業務（いわゆる ADR）は除かれます。これらの業務は紛争性がある場合が多く，依頼者との間に強度な信頼関係が必要であることを考慮しています。

コラム　7つ道具を揃えよう

1つめ：三角定規

　これがなければ始まらないというくらい土地家屋調査士試験では必須アイテムです。ほとんどが受験予備校で販売しているものだと思いますが，250分の1と500分の1の2種類の縮尺メモリが付いていることが必須条件です。

2つめ：関数電卓

　こちらも三角定規と同様土地家屋調査士試験ではなくてはならないものです。関数電卓といっても巷にはさまざまな種類があり，すべての関数電卓が土地家屋調査士試験で使用できるわけではありません。必ず法務省ホームページで対応している機種かどうかを確認して購入しましょう（https://www.moj.go.jp/content/001298104.pdf）。

3つめ：六法

　こちらもたくさんの種類がありますが，なんといっても不動産登記法が掲載されていなければ，土地家屋調査士試験では使いものになりません。不動産登記法，民法，土地家屋調査士法が掲載されているかを確認してから購入しましょう。

4つめ：全円分度器

　時代とともに必須アイテムになりつつあります。土地の記述式問題を解くにあたっては必ず計算が必要になります。そしてこの計算で筆界点の座標値を出し，それを基に作図をしていく。これがセオリーですが，どうしても計算方法が浮かばずに座標値が出せないということがあり得るのです。その場合の救世主となるのがこの

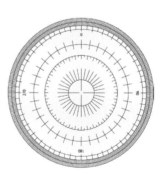

分度器です。一般的に目にする半円のものではなく，全円分度器です。直径12cm くらいのものがおすすめです。

5 つめ：コンパス

これも全円分度器と同様，いざというときの救世主です。

6 つめ：筆記用具

黒色のボールペン，シャープペンシル

地味ですが，勉強を始めると受験生がかなりこだわりを持ち始めるアイテムです。ボールペンは記述式問題に使用しますが，申請書を書く用と図面を描く用に分けている人もいるほどです。申請書はある程度太さがあった方が書きやすく（0.5ミリくらい），作図用は細い方がおすすめですが，個人の筆圧などによっても異なります。

シャープペンシルは図面の下描きに使用します。こちらも細い方がよいので0.3ミリくらいのものがお勧めです。

そして問題検討のためにマーカーペンや色鉛筆の使用が認められているので，これも必須です。近年の本試験は問題文がかなり複雑でざっと読んだだけで解答できるものではありません。マーカーペンも必須です。

7 つめ：三角スケール

図面の下描きをした後のスケールチェック（長さが合っているかどうかの確認）に使用します。必ずしも必要ではありませんが，実務に就いた後も使うものですし，購入しておいて損はありません。こちらも三角定規と同様，250分の1と500分の1の縮尺メモリが付いていることが必須条件です。

第 5 章

＼知りたい！／

記述式対策の
コツ

Q1 記述式はどう対策すればよいですか？

独学での対策が難しいのがこの記述式問題。パズルを解いていくような感覚で楽しんで学習できるといいですね。

数学的要素は年々薄くなっている

土地家屋調査士試験の特徴は何と言っても記述式問題です。

記述式問題は，土地25点，建物25点の配点です。

測量の知識として一定の数学の力が必要になる土地の問題に注目が集まりがちですが，近年の本試験では昔に比べて数学的要素は薄くなってきています。

これは実務での測量も器械自体がどんどん良いものになり，人間の数学的知識がそれほど求められていないということなのだろうと感じています。時代とともに試験もマイナーチェンジしているのです。

しかしそのうちマイナーチェンジでは済まなくなるかもしれませんね。現在三角定規を使って作図をしていますが，1人1台パソコンが与えられCADを使って図面を描くようになるかもしれませんし，申請書も紙ではなく申請情報をデータで送信するなんてことも……そんなことになればこの本も廃版になってしまうのでそれは困りますね。

どちらにしてもまだまだ先のことでしょう。

読解力が求められる試験に

では数学的要素が薄くなったということで試験自体は易しくなったので

しょうか。

残念ながらまったくそうではありません。

どこかが易しくなればどこかが難しくなり，ちゃんとバランスはとれているので全体の難易度は変わらないと思います。

どこが難しくなったのか，それは問題の読み取り，いわゆる読解です。

平成初期の本試験問題文は2〜3頁でした。そして私が受験生だった平成16年あたりは4頁くらい，そして令和の現在はというと6頁から長いと9頁なんて年もあります。

令和4年第21問（土地）

　　土地家屋調査士法務太郎は，次の〔調査図素図〕に示すA市B字八幡184番1（以下「本件土地」という。）の所有者である春野朝子から，筆界の調査に関する相談を受け，【土地家屋調査士法務太郎による聴取結果の概要】のとおり事情を聴取するとともに，本件土地について必要となる表示に関する登記の申請手続についての代理並びに当該登記に必要な調査及び測量の依頼を受け，【土地家屋調査士法務太郎による調査及び測量の結果の概要】のとおり必要な調査及び測量を行った上，令和4年10月14日，必要となる表示に関する登記の申請を行った。

　　以上に基づき，次の問1から問5までに答えなさい。

　　なお，以下では，A市B字八幡183番1の土地，同185番2の土地，同185番3の土地又は同196番の土地をそれぞれ「183番1の土地」，「185番2の土地」，「185番3の土地」又は「196番の土地」という。

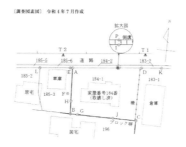

〔調査図素図〕　令和4年7月作成

…以下，9頁にわたります。

　そうです，かなりの読解力が必要です。理系の人よりも文系の人の方が有利なのではと思えるほどです。

　なんの登記を申請するのかという重要部分を読み間違えてしまったらほぼ合格はないでしょう。

　ちなみに，土地だけでなく，建物の問題もかなりの頁数です。

令和4年第22問（建物）

　和田令子は，Ａ市Ｂ町一丁目５番３の土地（以下「本件土地」という。）及び本件土地上にある家屋番号５番３の建物（以下「本件建物」という。）の所有者である。和田令子は，次の〔調査図〕のとおり，本件建物の主である建物（以下単に「主である建物」という。）と符号１として登記されている附属建物（以下「本件附属建物」という。）の間を増築するなどの工事を行った結果，主である建物と本件附属建物は接続して一体として利用できる状態となった（以下，当該工事によって増築した部分を「本件増築部分」という。）。また，和田令子は，本件土地上の本件建物に近接する位置に車庫（以下「本件車庫」という。）を新築した。

　土地家屋調査士民事花子は，【事実関係】のとおり，和田令子から表示に関する登記についての相談を受けて事情を聴取し，必要となる全ての表示に関する登記の申請手続についての代理並びに当該登記に必要な調査及び測量の依頼を受け，現地の測量及び【登記記録】のとおり登記記録等を調査した上，令和４年10月17日に必要となる表示に関する登記の申請を行った。

　以上に基づき，次の問１から問４までに答えなさい。

　以下，7頁続きます。

　そして，解答用紙はこんな感じ。

第21問

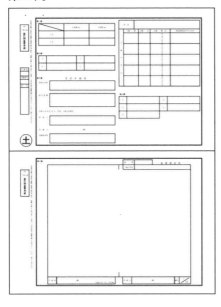

第22問

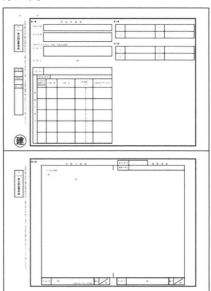

　誌面上かなり縮小しているので詳しくは法務省のホームページで見ていただければと思いますが，解答用紙を見るだけでかなり書くことが多いとわかります。これは途方にくれますね。

　読解力を鍛えるには，当然長文に慣れる必要がありますが，これは基礎力が定着していることが大前提。

　なぜこの登記を申請するのか，なぜこの人が申請人になるのかなどの根拠は不動産登記法をしっかり理解していないと判断できません。

　読解力をアップさせるには，不動産登記法の学習をあわせて行うことです。

木村ポイント

| 次では，どこに気をつけて問題を解いていけばよいのか，合格点を取れる答案の仕上げ方を具体的に説明していきますね。

Q2 理想的な答案の仕上げ方は？

建物でも土地でも，問題文を読み取る力がキーとなります。

▎理想的な答案の仕上げ方は？

① 読む → ② 埋める → ③ 計算 → ④ 作図

これが理想的な解答手順です。

① 読む

先ほども書きましたが，近年の試験ではこの問題文の読み取りが非常に重要なポイントになってきます。問題文をしっかり読むためにマーカーペンを使って色分けしながら，重要箇所にしっかりと印を付けていきます。読み取る重要ポイントは「誰から」「どの土地又は建物について」「何の登記を」です。

② 埋める

埋めるとは申請書の解答欄を埋めていくことです。読解したらまずは答案用紙の埋められるところをすべて埋めていくのです。

```
第3欄
              登 記 申 請 書
  登記の目的 [                                    ]

  添付書類   [                                    ]
           [                                    ]
           [                                    ]

  登録免許税 [                                    ]

  申 請 人  [                                    ]

  代 理 人            (略)
```

③ 計算

　そして計算です。これは土地の場合は筆界点の座標値を計算すること，および土地の面積（地積）を求めることです。地積を求めることを求積と言いますが，求積は筆界点の座標値が求められれば誰でもできます。ただし，座標値に関しては求めるためのアプローチ方法がひらめかない可能性があるのです。これはどんなに数学が得意な人でもあり得ることです。したがってそうなってしまった場合は座標値を求めずに作図をするという最終手段も考えておかなければなりません。103頁のコラム，7つ道具で紹介した全円分度器やコンパスはここで必要になってきます。

④ 作図

　筆界点の座標値が出てしまえばそれをプロット（図面の中に座標軸を作りXとYの位置を図面上に落とすこと）し，その点と点をつなげば土地の形状を描くことができます。

　これが理想的な記述式答案の仕上げ方です。時間的には土地建物あわせて100分くらいが目安になります。単純に考えると50分ずつで解ければ理想的ということになります。

$\boxed{\text{Q3}}$ 作成する申請書とはどのようなものですか？

> 土地の問題でも，建物の問題でも，申請書の作成が要求されます。実際に問題を解くのは難しいので，どんな申請書を作成するのか，申請書の作成例を見てみましょう。

土地の問題で作成する申請書

　土地の問題では，問題文を読み，情報を整理したら，筆界点の座標計算や面積計算をして申請書に記載することが求められ，さらに，図面を作成することになります。過去の本試験で問われた登記の中に，以下の土地地目変更地積更正登記の申請書があります。

申請書（土地地目変更地積更正登記）（113頁）
- 令和5年4月1日に建物の敷地だった土地を駐車場にした。
- 測量したら土地の面積が大幅に違っていた。

建物の問題で作成する申請書

　建物の問題では，問題文を読み，情報を整理したら，申請書に必要事項を記載して，図面を作成します。過去の本試験で問われた登記の中に，建物滅失登記や建物表題登記の申請書などがあります。

申請書（建物滅失登記）（114頁）
- 令和5年4月1日建物を取り壊した。

申請書（建物表題登記）（115頁）
- 令和5年4月28日建物を新築した。

▶土地地目変更地積更正登記

登　記　申　請　書

登記の目的　　　　　土地 地目変更地積更正 登記

添付書類　　　　　　地積測量図　　代理権限証書

令和5年4月30日申請　A法務局　B出張所

申　請　人　　　　　A市B町七丁目8番9号　　　藤井　晋太郎

代　理　人　　　　　C市D町四丁目5番6号　　　星野　麻弓　㊞
　　　　　　　　　　連絡先　03-4657-XXXX

土地の表示	所　在	A市B町五丁目			
	①地　番	②地　目	③　地　積 ㎡		登記原因及びその日付
	3番	宅地	198	24	
		雑種地	223		②令和5年4月1日地目変更 ③錯誤

土地家屋調査士　星野　麻弓　職印

※建物の敷地の地目は宅地とし、地積は小数点以下第3位を切捨てて第2位まで表示する。コインパーキング等の駐車場の地目は雑種地とし、地積が10平方メートルを超える場合、小数点以下は切捨てて表示する。

▶建物滅失登記

登 記 申 請 書

登記の目的　　　　建物　滅失　登記

添付書類　　　　　代理権限証書

令和5年4月30日申請　A法務局　B出張所

申請人　　　A市B町七丁目8番9号　　藤井　晋太郎

代理人　　　C市D町四丁目5番6号　　星野　麻弓　㊞
　　　　　　連絡先　03－4567－XXXX

建物の表示	所　在	A市B町一丁目11番地			
	家屋番号	11番			
	主である建物又は附属建物	①種類	②構造	③床面積㎡	登記原因及びその日付
		居宅	木造かわらぶき2階建	1階　57 19 2階　47 20	令和5年4月1日取壊し

　　　　　　　　　　　　　　　　　　土地家屋調査士　　星野　麻弓　職印

▶建物表題登記

登 記 申 請 書

登記の目的　　　　建物　表題　登記

添付書類　　　　　建物図面　　各階平面図　　所有権証明書
　　　　　　　　　住所証明書　　代理権限証書

令和 5 年 4 月 30 日申請　　　A 法務局　B 出張所

申請人　　　A市B町七丁目 8 番 9 号　　藤井　晋太郎

代理人　　　A市F町四丁目 5 番 6 号　　星野　麻弓　㊞
　　　　　　連絡先　　03－4567－XXXX

建 物 の 表 示	所　在	A市B町一丁目 25 番地			
	家 屋 番 号				
	主である建物又は附属建物	①種類	②構　造	③ 床　面　積 ㎡	登記原因及びその日付
		居宅	木造合金メッキ鋼板ぶき 2 階建	1 階　　63 48 2 階　　47 20	令和 5 年 4 月 28 日新築

　　　　　　　　　　　　　　　土地家屋調査士　　　星野　麻弓　　職印

Q4 土地の問題の攻略のコツは？

> なんといっても苦手意識を持たないことです。数学については，基本をおさえればあとは，関数電卓で何とかなる！ そういう意識でいてください。関数電卓については「慣れ」です。

数学が苦手でも関数電卓に頼ればよい！

　土地家屋調査士試験の講師をしている私自身，数学は苦手です。

　しかし，数学が苦手，イコール土地の記述式問題ができないわけではないのです。数学は試験に合格するために必要な部分を必要な程度まで勉強すればいいのです。例えば三角関数がわかりませんでは困りますが，ヘロンの公式は知らなくても合格できるのです。そして関数電卓に頼れる部分は頼ればいいのです。

　数学が苦手な人ほど関数電卓を上手に使ってください。

　基本的なことは勉強して身につけたうえで関数電卓をうまく使えばいいのです。そしてもし計算ができなかったとしても，コンパスや分度器を使って作図はできます。

　まずは，もし本試験で「計算方法が浮かばない」という窮地に追い込まれても，合格はできるんだと自分自身に言い聞かせましょう。土地の問題への苦手意識さえ払拭すれば，第一関門突破です。

　三角関数を使った直線上の点の座標計算，直線の方程式を使った交点計算，これらは近年の本試験でも必ずと言っていいほど出題されます。関数電卓の機能を駆使してスピーディーに計算できるようになりましょう。

木村ポイント

とにかく土地家屋調査士を目指したいのに数学が苦手だというだけで諦める必要はありませんよ。

数学のレベルは高校1年生程度で内容もかなり限定的

　土地の記述式で出てくる数学がどのレベルなのかは気になると思います。一般に高校1年生程度の数学知識が必要とされていますが，具体的にいうと，分数の計算，三角形の比例計算，三角関数の演算，直線式，連立方程式というかなり限定的な範囲になります。これらを測量のための計算として学び直すと思えば，算数や数学をまったく忘れてしまった方でも，無理なく克服することができるはずです。

土地の面積を求める「座標法」

　さて，土地家屋調査士試験の土地の記述式問題では土地の面積（地積）を求めなければなりませんが，登記記録に表示する地積は，どんな求め方でもよいわけではありません。

　土地の筆界点（土地を平面でとらえたときの角と角を結んだ線を筆界線，その角を筆界点という）の座標値を使って面積計算をする「座標法」を使います。

　座標法というくらいですから，その筆界点の座標値を求めることが前提として必要になります。

　実務ではトータルステーションという測量機器を使用して測りますが，試験では問題文に与

▶トータルステーション

えられた情報から計算で求めることになります。ここで一定の数学的知識が必要になるのです。

求積（面積計算）は一定のルールに従って電卓をたたくだけ！

例えば，令和4年の土地の問題（第21問問1）では，「土地家屋調査士法務太郎による聴取結果の概要】及び【土地家屋調査士法務太郎による調査及び測量の結果の概要】から，Ｉ点及びＪ点の座標値を求め……なさい。」というふうにでてきます。この〔調査図素図〕は，いわゆる見取図です。求めるＩ点・Ｊ点以外の他の点の座標値は問題文に与えられています（令和4年問題では，前提としてＰ点も求める必要あり）。

求積自体は一定の計算方法を覚えてしまえばだれでもできるので，問題はその前提となる座標値の計算ということになります。

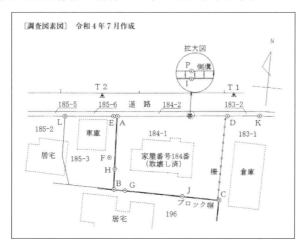

数学の世界と測量の世界

ちなみに，座標軸といえば，数学の世界では縦軸がＹ，横軸がＸとなり

ますが，測量では縦軸がX，横軸がYです。

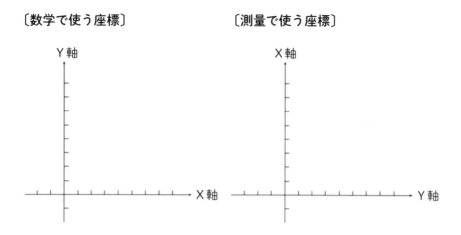

〔数学で使う座標〕

Y軸

X軸

〔測量で使う座標〕

X軸

Y軸

　また，0を原点とした，各象限も数学の世界では右上が第1象限でその後は左回りに2，3，4となりますが，測量の世界では右上から右回りです。

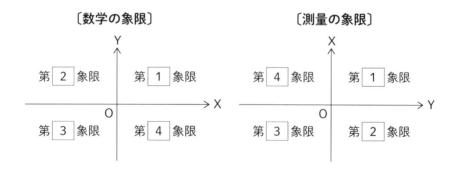

〔数学の象限〕

Y

第 2 象限　　第 1 象限

O

X

第 3 象限　　第 4 象限

〔測量の象限〕

X

第 4 象限　　第 1 象限

O

Y

第 3 象限　　第 2 象限

座標の種類

　座標には，XとYで表す平面直角座標と，距離と方向角（北方向となるX軸の方向を基準として右回りで表した角度）で表す極座標という2種

類の座標があります。同じ点を表していても表現方法が違うと考えるとよいでしょう。

〔平面直角座標〕

右図に示すように，ともに基準となる点O（原点）を通り直交する2つの座標軸を設け，点Oとの座標差によって点Aの位置を表す方法です。右図の点Aの位置は，A（X_A，Y_A）と表します。

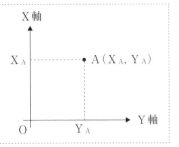

〔極座標〕

右図に示すように，基準となる点O（原点）からの距離と方向角によって点Aの位置を表す方法です。右図の点Aの位置は，A（r_A，θ_A）となります。

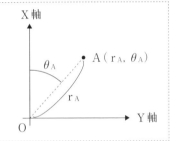

木村ポイント

方向角をもう少し詳しく説明します。X軸の正方向（北方向）を基準（0°）にして，時計回り（右回り）に計測した角度を，方向角といいます。

右図において，原点O→P1への方向角はθ_1です。

同様に，

原点O→P2への方向角は θ_2
原点O→P3への方向角は θ_3
原点O→P4への方向角は θ_4

となります。

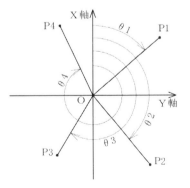

土地の記述式問題で座標値を解答する場合は平面直角座標で解答します。

　表し方が異なるだけで同じ点を表しているということは，極座標の距離と方向角がわかればそれをＸ座標とＹ座標で表す平面直角座標に変換することができます。

　具体的にいうと起点となる点の座標値とそこから求めたい点への距離と方向角がわかれば，必ず求めたい点の座標値が出るということです。これを座標計算の３点セットなどといい，座標値を求めるうえでもっとも基本となる考え方になります。

　次に説明する三角比の直角三角形をこの座標系に重ね合わせて考えるイメージです。

木村ポイント

さて，ここまでで抵抗がない方は，次の問題を参考にしてみてください。この問題はＯが原点（すなわちＸ座標とＹ座標が 0.00）なのでそれぞれの点への緯距と経距がＸ座標およびＹ座標になります。ちょっと難しいな，と思う方は読み飛ばしていただいて大丈夫です！

木村ポイント

極座標の方向角は一般に度・分・秒で表します。分，秒は時間と同じように 60 進法ですが，秒に小数点以下の数値をつける場合は秒の後ろに 10 進法で表します。度を（°），分を（′），秒を（″）で示すことが多いです。
例えば，37 度より少し小さい角度を 36° 52′ 11.63″
こんなふうに表すと理解すれば大丈夫。
これも測量の精度を高めるためです。

問　題

　見取図についての調査及び測量成果が下記のとおりであるときの，原点Ｏから各点への緯距及び経距（すなわち各点の座標値）を計算して求めなさい。ただし，座標値及び距離の単位はメートルである。また，計算結果は，小数点以下第３位を四捨五入し，小数点以下第２位まで記載すること。

〔調査及び測量成果〕　（単位＝m）

点名	X座標	Y座標
O	0.00	0.00

点名	原点からの距離（m）	原点からの方向角
A	60.21	61° 50′ 51″
B	60.21	118° 09′ 09″
C	68.07	240° 42′ 45″
D	68.07	299° 17′ 15″

〔見取り図〕

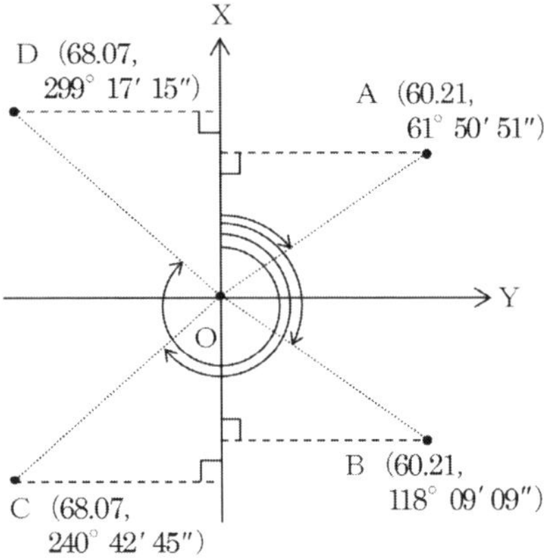

D（68.07, 299° 17′ 15″）
A（60.21, 61° 50′ 51″）
X
Y
O
B（60.21, 118° 09′ 09″）
C（68.07, 240° 42′ 45″）

O→Aの緯距	O→Aの経距

O→Bの緯距	O→Bの経距

O→Cの緯距	O→Cの経距

O→Dの緯距	O→Dの経距

[解答]

　下図の網掛部分のように，X軸を底辺とする直角三角形を用いて考えます。底辺の長さは各点のX座標値，高さは各点のY座標値，斜辺は原点から各点までの距離とすることがポイントとなります（方向角は360度までの角度を使用し関数電卓で計算することができます）。

〔調査及び測量成果〕　（単位＝m）　〔見取り図〕

点名	X座標	Y座標
O	0.00	0.00

点名	原点からの距離（m）	原点からの方向角
A	60.21	61° 50′ 51″
B	60.21	118° 09′ 09″
C	68.07	240° 42′ 45″
D	68.07	299° 17′ 15″

D (68.07, 299° 17′ 15″)
A (60.21, 61° 50′ 51″)
C (68.07, 240° 42′ 45″)
B (60.21, 118° 09′ 09″)
O
X
Y

O→Aの緯距	O→Aの経距
28.41 m	53.09 m

$X_A = 60.21 \times \cos 61° 50′ 51″ ≒ 28.41$
$Y_A = 60.21 \times \sin 61° 50′ 51″ ≒ 53.09$

O→Bの緯距	O→Bの経距
− 28.41 m	53.09 m

$X_B = 60.21 \times \cos 118° 09′ 09″ ≒ − 28.41$
$Y_B = 60.21 \times \sin 118° 09′ 09″ ≒ 53.09$

O→Cの緯距	O→Cの経距
− 33.30 m	− 59.37 m

$X_C = 68.07 \times \cos 240° 42′ 45″ ≒ − 33.30$
$Y_C = 68.07 \times \sin 240° 42′ 45″ ≒ − 59.37$

O→Dの緯距	O→Dの経距
33.30 m	− 59.37 m

$X_D = 68.07 \times \cos 299° 17′ 15″ ≒ 33.30$
$Y_D = 68.07 \times \sin 299° 17′ 15″ ≒ − 59.37$

木村ポイント

座標値を求めるのに必要な数学的知識の代表的なものはなんといっても「サイン・コサイン・タンジェント」の三角関数です。
関数電卓があればこのように簡単に計算できますが（詳細は Q5 で），三角関数の基本（三角比）は 137 頁のコラムをぜひチェックしておいてくださいね。

Q5 関数電卓はどのように使いますか？

土地の計算では，関数電卓を使います。ここでは，カシオ fx-JP500 を使用して，基礎機能を紹介します。まずは，「習うより慣れよ」。たたいてみましょう！　ちなみに，法務省のホームページには，試験で使用可能な機種が掲載されています。確認のうえ，ご購入いただければと思います。

主なキーの位置

まずは，主なキーの位置です（CASIO fx-JP500）。

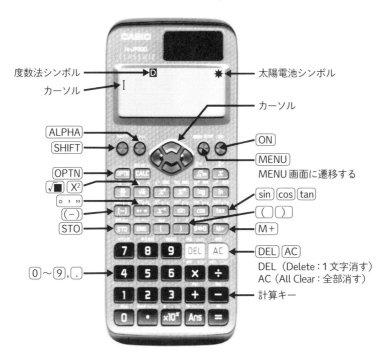

度数法シンボル
カーソル
太陽電池シンボル
カーソル
ALPHA
SHIFT
ON
MENU
MENU 画面に遷移する
OPTN
√■ X²
° ' "
sin cos tan
( )
(−)
STO
M+
DEL AC
DEL（Delete：1文字消す）
AC（All Clear：全部消す）
0〜9，.
計算キー

液晶画面の表示

次に，液晶画面の表示を見ていきます。

まず，関数電卓は，多種多様な設定が可能なので，試験対策で使用する状態に設定する必要があります。

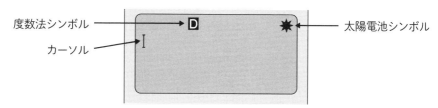

度数法シンボル

カーソル

太陽電池シンボル

上記の度数法シンボル**D**は，角度の設定が度数法（Degree）であることを示します。

土地家屋調査士試験では，度数法を用います。

弧度法**R**や，グラード**G**では，正しく計算できないので注意が必要です。

SHIFT キーを1回押した場合の液晶表示は以下の通りです。シフトシンボルは，SHIFT キーを1回押すと表示され，再度押すと消えます。このシフトキーは各キー上部の黄色い文字（例：sin キー上部の $\sin^{-1}$，cos キー上部の $\cos^{-1}$，tan キー上部の $\tan^{-1}$ など）の機能を用いるときに押します。

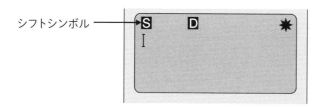

シフトシンボル

ALPHA キーを1回押した場合の液晶表示は以下の通りです。アルファシンボルは，ALPHA キーを1回押すと表示され，再度押すと消えます。

各キー上部の赤い文字（例：(−) キー上部のA，[○,,,]キー上部のBなど）
メモリーを呼び出すとき等に押します。

アルファシンボル ────→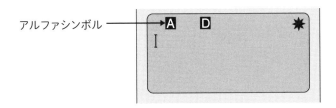

　独立メモリー（Mメモリー）に数値が記憶されている場合の液晶表示は
以下のとおりです。

独立メモリー
　シンボル ────→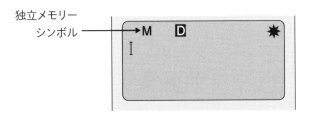

基本設定（試験対策で使用する状態にする方法）

まず，電源を入れます。

> ON

※　キー操作の表示について，別機能を使用するときは，直前までのキー操作で呼び
　出される機能を（　）で表示する（ただし，メモリー機能を除く）。

次に，初期化してください（電卓購入時の状態にする）。

> SHIFT 9 (RESET) 3 (初期化) = (実行) AC

計算モード（基本計算モード／統計計算モード）を設定します。

（講義では複素数モードを使用していますが，ちょっと難しいので，本書ではこの2つのモードを紹介します。）

● 基本計算モード（通常使用するモード）

MENU 1（基本計算）

※ 上記の初期化をした場合，自動的に"基本計算モード"になる。

● 統計計算モード

133頁の応用でこのモードにします。

MENU 4（統計計算） 2（y=a+bx）

次に，ライン表示入出力を指定します。

SHIFT MENU（SETUP） 1（入力／出力） 3（ライン表示入出力）

※ 初期状態では一定の場合に結果が分数（例 $10 \div 3 = \frac{10}{3}$）になる"数学自然表示入出力"なので，"ライン表示入出力"に変更する。

さらに，指数表示範囲設定2（Norm 2）を指定します。

SHIFT MENU（SETUP） 3（表示桁数） 3（指数表示範囲（Norm）） 2

※ 初期状態では一定の場合に結果が指数表示（例 $10 \div 3333 = 3.00030003 \times 10^{-3}$）になる"指数表示範囲設定1（Norm 1）"なので，"指数表示範囲設定2（Norm 2）"に変更する。

変数メモリーの配置

　変数メモリー（Ⓐ，Ⓑ，Ⓒ，Ⓓ，Ⓔ，Ⓕ）及び各種クリアの操作を紹介します。

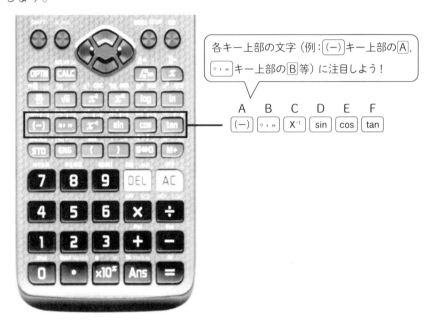

各キー上部の文字（例：(−)キー上部のⒶ，°,"キー上部のⒷ等）に注目しよう！

A　B　C　D　E　F
(−)　°,"　X⁻¹　sin　cos　tan

変数メモリーの操作

①　まず〔4 + 6〕の計算結果をⒶメモリーに記憶させます（計算結果=10）。

4 + 6 STO (−)(A)

STO キーを 1 回押すと，液晶画面に STO シンボルが表示されます。

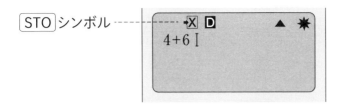

STO シンボル

※ STO シンボルは，STO キーを1回押すと表示され，再度押すと消える。メモリー
に数値を記憶させる際に，変数名の入力を待機している状態を示す。

② Aメモリーを呼び出す。

ALPHA (−)(A) =

③ 〔Aメモリー×5〕を計算（計算結果＝50）。

ALPHA (−)(A) × 5 =

④ 〔Aメモリー×5〕の計算結果をBメモリーに記憶させる（計算結果＝50）。

ALPHA (−)(A) × 5 STO ﹒ʼ,,(B)

⑤ Aメモリーのみクリア（〔0〕をAメモリーに記憶させる）。

0 STO (−)(A)

各種クリア

① セットアップ情報（各種設定）をクリア

| SHIFT | 9 |（RESET）| 1 |（セットアップ情報）| = |（実行）| AC |

※　クリアを実行しないときは，| = |を押す代わりに| AC |を押す。

② メモリーを一括クリア

| SHIFT | 9 |（RESET）| 2 |（メモリー）| = |（実行）| AC |

※　新たな問題を解きはじめるときなどに便利である。

※　クリアを実行しないときは，| = |を押す代わりに| AC |を押す。

　次に統計計算モードの説明ですが，まずはどんな問題で利用するのかを次の練習問題で見てみましょう。

[問題]

　見取図に示す直線①（Y = a + b X）と直線②（Y = c + d X）の交点であるP点の座標値を求めなさい。ただし，交点の座標値は，計算結果の小数点以下第3位を四捨五入し，小数点以下第2位まで表示すること。

〔見取図〕

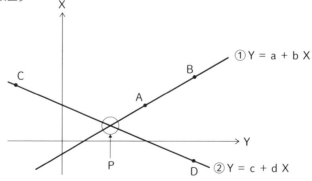

〔調査結果〕

　各直線上の点，A・B・C・Dの座標値は下記の通りである。

〔測量成果（単位：m）〕

点名	X座標	Y座標
A	1.68	8.36
B	3.92	12.84
C	13.58	− 18.16
D	− 8.21	25.42

P点の座標値

X座標	Y座標
1.00	7.00

解答

関数電卓を使って解いていきましょう。

直線①（Y ＝ a ＋ b X）
- 傾き b：A及びBの座標値を用いて計算する。
- Y切片 a：傾きとAの座標値を用いて計算する。

直線②（Y ＝ c ＋ d X）
- 傾き d：C及びDの座標値を用いて計算する。
- Y切片 c：傾きとCの座標値を用いて計算する。

交点Pの座標値
$$X_P = \frac{(c - a)}{(b - d)}$$
$$Y_P = a + b X_P$$

第1段階　2直線の方程式を求める

直線①の方程式（Y ＝ a ＋ b X）は，A（X_A, Y_A）及び B（X_B, Y_B）を通る直線です。

$$b = \frac{Y_B - Y_A}{X_B - X_A} \quad \left(\frac{Yの増加量}{Xの増加量} \right)$$

=	2.00	=Ⓑメモリーへ ； 傾きb

（統計計算モードを利用すると便利。）

$a = Y_A - Ⓑ \times X_A$

=	5.00	=Ⓐメモリーへ ； Y切片a

（統計計算モードを利用すると便利。）

以上から，直線①の方程式は，Y = 5.00 + 2.00 X となります。

（Y = Ⓐ ＋ Ⓑ X）

直線②の方程式（Y = c + d X）は，C（X_C, Y_C）及びD（X_D, Y_D）を通る直線です。

$$d = \frac{Y_D - Y_C}{X_D - X_C} \quad \left(\frac{Yの増加量}{Xの増加量} \right)$$

=	− 2.00	⇒Ⓓメモリーへ ； 傾きd

（統計計算モードを利用すると便利。）

$c = Y_C - Ⓓ \times X_C$

=	9.00	⇒Ⓒメモリーへ ； Y切片c

（統計計算モードを利用すると便利。）

以上から，直線②の方程式は，Y = 9.00 − 2.00 X となります。

（Y = Ⓒ ＋ Ⓑ X）

　ここまでのⒶ ⒷⒸⒹにメモリーした2つの直線のY切片と傾きは133頁の統計計算モードを使うと便利なので，応用として説明します。

第2段階　2直線の交点計算

Y = Ⓐ + Ⓑ X　（…直線①の方程式）

Y = Ⓒ + Ⓓ X　（…直線②の方程式）

連立方程式を解く。

$$X_P = ([C] - [A]) / ([B] - [D])$$

$$= \boxed{1.00}$$

$$Y_P = [A] + [B] \times [X]$$

$$= \boxed{7.00}$$

P点の座標値

X座標	Y座標
1.00 m	7.00 m

応用 上記練習問題の切片と傾きを統計計算モードを使用して求めます。

まず，直線①の方程式（Y = a + b X）を計算するために，統計計算モードにします。

MENU 4 （統計計算） 2 （Y=a+bx）

※ 統計計算モードで一次回帰演算（A ＋ B X）を指定し，「統計計算エディタ画面」を表示します。

〔統計計算エディタ画面〕

1.68 = 3.92 = ▶ ▲ ▲ 8.36 = 12.84 = →A，Bの座標値を入力
└─右，上，上の順でカーソルを動かす

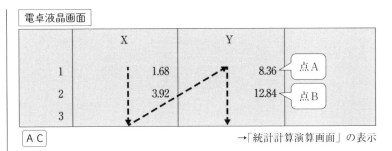

〔統計計算演算画面〕

OPTN ▼ 4(回帰計算) 1(a) STO (−)(A)

※　Y＝a＋bXのaを A メモリーに記憶させます。

電卓液晶画面は以下のようになります。

OPTN ▼ 4(回帰計算) 2(b) STO ∘‚‚(B)

※　Y＝a＋bXのbを B メモリーに記憶させます。

電卓液晶画面は以下のようになります。

　次に，直線②の方程式（Y＝c＋dX）を計算するために，再度統計計算モードにします。

134

※　統計計算モードの一次回帰演算（A＋BX）の指定により、「統計計算
　　エディタ画面」が表示されます。

〔統計計算エディタ画面〕

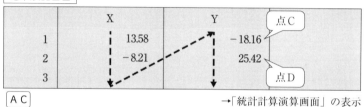

〔統計計算演算画面〕

※　Y＝c＋dXのcを C メモリーに記憶させます。

　　電卓液晶画面は以下のようになります。

OPTN ▼ 4 （回帰計算） 2 （b）STO sin （D）

※　Y＝c＋dXのdを D メモリーに記憶させます。

　　電卓液晶画面は以下のようになります。

b → D   − 2

直線②の傾き d   d

　このあとは標準モードに戻して132頁の第2段階の要領で交点の座標
値を求めます。

標準モードに戻す方法

作業が終わったら，標準モードにします。

MENU 1 （基本計算）

これで基本計算モードが指定されました。

木村ポイント

　こんな感じでたたくんだ，ということをわかっていただければ十分です。
電卓操作を覚えるのは，受験を決めてからでも大丈夫ですよ！

コラム　土地家屋調査士試験に出てくる数学

多くの方が習ったはずの数学。得意だった方も苦手だった方もいらっしゃる と思います。でも，講師として感じるのは，だいたいの方が忘れている！とい うこと。皆ほとんど同じスタート地点です。一緒に頑張りましょう！

①　サイン・コサイン・タンジェント（123頁の土台になるところです）

三角形ＡＢＣにおいて，頂点Ａ，Ｂ，Ｃの対辺の長さをそれぞれ a， b， c， ∠B = θ（0°< θ <90°），∠C = 90°とすると，以下のようになります。

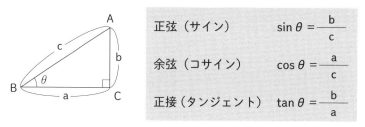

正弦（サイン）	$\sin\theta = \dfrac{b}{c}$
余弦（コサイン）	$\cos\theta = \dfrac{a}{c}$
正接（タンジェント）	$\tan\theta = \dfrac{b}{a}$

これらの値は， θ の値が等しければ，直角三角形の大きさに関係なく，常に 一定の値を示します。まずはこの法則を覚えましょう。三角形配置のポイント は，必ず① θ を左下に，②直角を右下に考えることです。

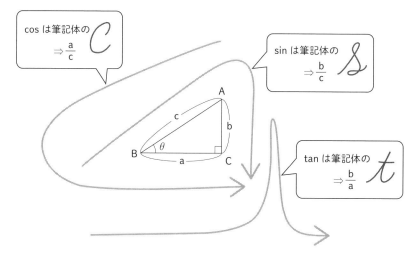

cos は筆記体の
⇒ $\dfrac{a}{c}$

sin は筆記体の
⇒ $\dfrac{b}{c}$

tan は筆記体の
⇒ $\dfrac{b}{a}$

木村ポイント｜実際の設問では，直角三角形はさまざまな向きで出題されます。慣れない
うちは，出題された三角形を，回転させたり，裏返したりして，上図の見
慣れた直角三角形（すなわち，三角形のθが左下，直角が右下）に描き直
してから考えます。

　例えば，見取図 1 及び 2 の三角形 A B C において，頂点 A ， B ， C の対辺の
長さをそれぞれ a ， b ， c ， ∠B = θ（0°< θ <90°），∠C = 90° とすると，
sin θ，cos θ 及び tan θ をどのように導けばよいか考えてみましょう。

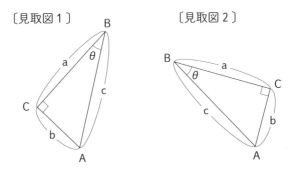

〔見取図 1 〕　　　　　〔見取図 2 〕

　慣れないうちは，上記の直角三角形を，回転させたり，裏返したりして，見
慣れた直角三角形（すなわち，三角形のθが左下，直角が右下。）に描き直して
みます。

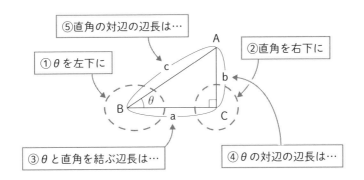

⑤直角の対辺の辺長は…

①θを左下に

②直角を右下に

③θと直角を結ぶ辺長は…

④θの対辺の辺長は…

見慣れた直角三角形に描き直すことができたら，137頁の〔覚え方〕通りに，

$$\sin \theta = \frac{b}{c}, \quad \cos \theta = \frac{a}{c}, \quad \tan \theta = \frac{b}{a} \qquad （上記見取図 1, 2 とも。）$$

を導けば大丈夫です。

木村ポイント

試験では，角度 θ と斜辺 c がわかっているときに，底辺 a や高さ b を求めたり，逆に辺長が 2 箇所わかっていて，角度 θ を求めたりするときに使用します。

②　ピタゴラスの定理

先ほど見てきた三角比もそうですが，調査士試験の土地の問題では，座標値を求めるために，筆界点間の距離や，角度を求めることが多いので，このような定理も覚えておきましょう。

ピタゴラスの定理とは，直角三角形の底辺の 2 乗と高さの 2 乗の合計が，斜辺の 2 乗に等しいという定理です。つまり，この定理を使うと，見取図 1 の直角三角形ＡＢＣの辺長が次のような式で求められます。

〔見取図 1 〕

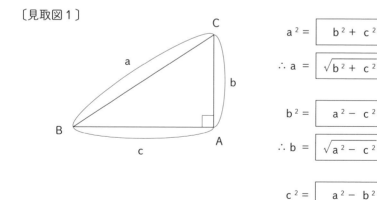

$$a^2 = \boxed{b^2 + c^2}$$

$$\therefore a = \boxed{\sqrt{b^2 + c^2}}$$

$$b^2 = \boxed{a^2 - c^2}$$

$$\therefore b = \boxed{\sqrt{a^2 - c^2}}$$

$$c^2 = \boxed{a^2 - b^2}$$

$$\therefore c = \boxed{\sqrt{a^2 - b^2}}$$

③ 直線の方程式

130頁からの交点計算で使用した直線の方程式，何か違和感がありませんでしたか？　そうです，中学・高校等の数学では，直線の方程式を表す式として，以下のように習ったと思います。

Y = a X + b

一般的に直線の方程式といえば上記ですよね。ただ土地家屋調査士試験対策としては，133頁で実践したように下の形が関数電卓を使用する上で都合が良いのでこの形を採用します。

Y = a + b X

木村ポイント

試験対策で，Y＝a＋bXを採用するのは，関数電卓の統計計算モードの計算式として，Y＝a＋bX が採用されているから。慣れてしまえばこの方が便利です。ちなみに測量実務においては，X＝aY＋b　のような形が一般に用いられています。

Q6 建物の問題の攻略のコツは？

土地のように数学的な知識を必要とする計算はありません。ただ，土地の問題も建物の問題も長文化の傾向が顕著なので，読解力は重要です。

不動産登記法の択一対策と一緒に勉強する

　建物は登記の種類が非常に多いです。まずは申請書のパターンを覚えることが重要です。このような場合はどんな登記を申請するのか，そしてその申請情報にはどんな添付情報が必要なのか，登記原因として何を記載すればよいのかなど，登記の種類が多いぶん覚えることが多くなるのは当然です。

　まずは原則となる非区分建物についての登記を学習し，区分建物は非区分建物と異なるところをまとめていくのがおすすめです。

　区分建物は分譲マンションをイメージするとわかりやすいですが，マンションの各部屋の所有者は敷地となっている土地を共有していることがほとんどです。

　そうすると原則マンションの各部屋（区分建物）と土地の共有持分は別々に売却することができなくなり（区分所有法の規定），それは一定の要件を満たすと区分建物と敷地の登記記録に敷地権という登記事項として公示しなければなりません。

　ここは非常に難易度の高いところですが，登記記録の表題部の登記事項ということで択一問題としても建物の記述式問題としても出題が多いところです。不動産登記法の択一対策との相互学習で一気に理解を深めましょう。

土地よりも登記事項が多い

建物の問題には土地よりも登記事項が多いという特徴があります。

土地の問題では原則地目と地積という登記事項を検討すれば済むのに対し，建物の問題では種類（利用状況），構造（主な構成材料・屋根材・階数），床面積，附属建物がある場合はその内容，というように登記事項が多くなり，申請情報の内容としなければならない事項も複雑になります。

また建物は非区分建物（戸建ての建物のイメージ）と区分建物（マンションのイメージ）とを別個に考えるので，同じ建物とはいえ登記記録の形態も変わります。したがって申請書のパターンは土地よりもはるかに多く，覚えなければならない事項は当然多くなります。本格的に学習を始めるとこのあたりで，土地が得意な人，建物が得意な人に分かれてきますね。

建物図面とは

問題を正確に読み取り，どんな登記が必要かを判断したら，その申請書を書き，添付書面となる図面を作成します（この手順は土地と同じですね）。

建物の問題では必ず建物図面および各階平面図という2種類の図面を作成します。ここでは建物図面の作成方法をご紹介します。

建物だけでなく敷地の形状も作図します。作図方法はいくつかありますが，144頁からの要領で描くとスムーズです。また縮尺は原則1/500と定められています。

建物図面1/500の作成手順

次の見取図に基づき，建物図面を作成する方法について説明します。

〔見取図〕

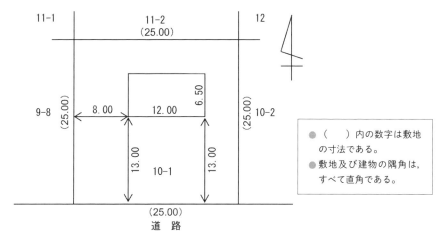

　建物図面の縮尺は原則1/500。作成する図形は小さいので作図にあたっ
ては各階平面図ほど慎重になる必要はありません。ちなみに今回は紹介でき
ませんが，各階平面図の縮尺は1/250が原則です。

　建物図面は，建物を先に描き，敷地を後に描くと，より速く作成するこ
とができます。作成する際には三角定規を2枚使います。1枚は固定定規，
もう1枚はスライド定規となります。

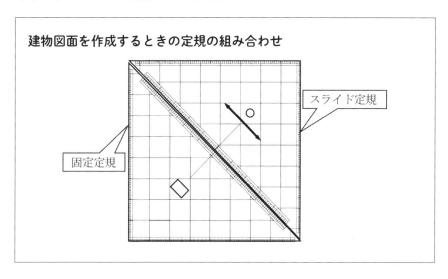

では，建物図面の描き方について143頁の見取図で具体的に説明しましょう（三角定規は，LEC販売の物を想定しています）。

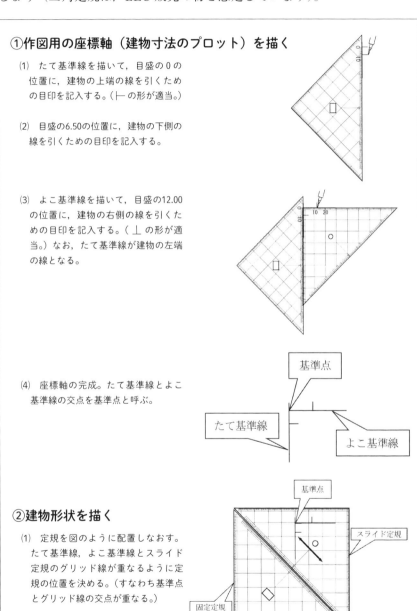

①作図用の座標軸（建物寸法のプロット）を描く

(1) たて基準線を描いて，目盛の0の位置に，建物の上端の線を引くための目印を記入する。（├─ の形が適当。）

(2) 目盛の6.50の位置に，建物の下側の線を引くための目印を記入する。

(3) よこ基準線を描いて，目盛の12.00の位置に，建物の右側の線を引くための目印を記入する。（┴ の形が適当。）なお，たて基準線が建物の左端の線となる。

(4) 座標軸の完成。たて基準線とよこ基準線の交点を基準点と呼ぶ。

基準点

たて基準線

よこ基準線

②建物形状を描く

(1) 定規を図のように配置しなおす。たて基準線，よこ基準線とスライド定規のグリッド線が重なるように定規の位置を決める。（すなわち基準点とグリッド線の交点が重なる。）

基準点

スライド定規

固定定規

(2) 建物の下側の線を引くための目印
　　の位置まで，スライド定規を移動する。

(3) 建物の下側のよこ線を引く。

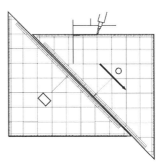

(4) 建物の右側の線を引くための目印
　　の位置まで，スライド定規を移動する。

(5) 建物の右側のたて線を引く。

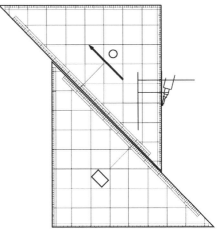

③敷地形状を描く

(1) 定規の60.00の目盛が，建物の左側
　　の配置距離8.00の位置になるようにス
　　ライド定規を移動する。

(2) 定規の60.00の位置に敷地の左側の
　　線を引くための目印を記入する。（⊥
　　の形が適当。）

(3) 定規の35.00の位置に（60.00−25.00
　　＝35.00だから）敷地の右側の線を引
　　くための目印を記入する。

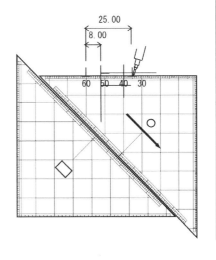

(4) 敷地の右側の線を引くための目印
の位置まで，スライド定規を移動する。

(5) 敷地の右側のたて線を引く。

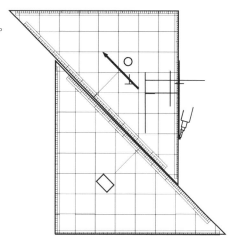

(6) 敷地の左側の線を引くための目印
の位置まで，スライド定規を移動する。

(7) 敷地の左側のたて線を引く。

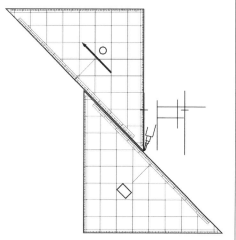

(8) 定規の60.00の目盛が，建物の下側
の配置距離13.00の位置になるように
スライド定規を移動する。

(9) 定規の60.00の位置に敷地の下側の
線を引くための目印を記入する。（├─
の形が適当。）

(10) 定規の35.00の位置に（60.00－25.00
＝35.00だから）敷地の上側の線を引
くための目印を記入する。

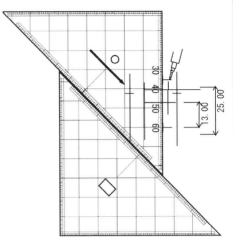

(11) 敷地の上側の線を引くための目印
の位置まで，スライド定規を移動する。

(12) 敷地の上側のよこ線を引く。

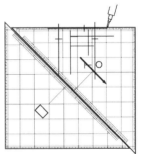

(13) 敷地の下側の線を引くための目印
の位置まで，スライド定規を移動する。

(14) 敷地の下側のよこ線を引く。

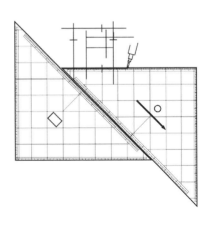

⒂　下書きの完成。

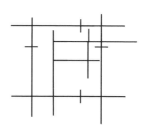

④墨入れをする

⑴　見取図の通りにはみ出さないよう
　に実線でなぞる。（点線又は一点鎖線
　でなぞる場合もある。）

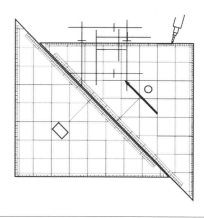

木村ポイント

実際はここまで丁寧にやらなくても描けます。まずは基本の描き方をしっ
かりと身につけた上で，例えば①の工程は飛ばして②の建物の形状から描
いてみようなど試してみるのもよいと思います。建物の図面は人によって
描き方もかなり異なるので，たくさん練習して，自分にとって一番よい方
法を見つけてくださいね。

あとがき

土地家屋調査士をめざすすべての方に

元宮城県土地家屋調査士会会長　**鈴木　修**

　仙台の土地家屋調査士の鈴木修です。長年にわたりたくさんの後輩を指導してきた経験から，少しだけアドバイスを書かせていただきます。

　私は自分の事務所で補助者を育てる以外にも，20年以上にわたり受験生・試験合格者・開業を目指す新人の指導とともに，既に開業した土地家屋調査士事務所の経営の指導や相談に応じてきました。日本土地家屋調査士会連合会（日調連）や各地の土地家屋調査士会から依頼された研修会の講師だけではなく，ライフワークの一つとして，個人としても全国を回って開業ガイダンスや経営ガイダンスを開催してきました。また，直接会えない全国の後輩たちのためにブログも発信し続けています。

　「商売敵になるかもしれない後輩たちに，なぜそこまでやるのか」と問われたこともあります。しかし，私は，後輩たちを商売敵と考えたことはありません。今までも，そしてこれからもです。後輩は仲間です。一つのパイを奪い合う間柄としてではなく，共に力と知恵を合わせて成長することで，土地家屋調査士業界のパイ全体を大きくしていく同志となることを願って，これまで長く活動を続けてきました。

　土地家屋調査士はとても良い仕事です。

　「ちゃんと実力をつけると，こんな広がりが見えるのだ」ということを，ぜひ後輩たちに知らせたいのです。後輩たちがそれぞれに土地家屋調査士として一流になれば，世間が土地家屋調査士という職業に新たな理解を示し，ひいてはこの業界全体がさらに飛躍すると考えているのです。

　さて，この本を手にした皆さんは，土地家屋調査士に興味があるだけではなく，自分の能力にも自信のある方々ではないでしょうか。資格取得をめざすというのは，そういうものです。今，持ち得ている能力を何らかの形で具現化し，さらに伸ばして，

現状を打開したい。その具現化の一つの形，打開するための方法の一つが「資格を手にすること」かと思います。

　例えば，会社の組織内では年功序列だからと勤務年数や年齢が優先されて評価が決まることに納得できない若い方，性別だけで管理職への道を閉ざす古い体質の組織に疑問を感じている女性の方，定年という理由で若い部下よりも低い評価に甘んじなければならないベテランの方等々が，現在の環境から脱して，実力に応じて評価される世界で働きたいと考えてこの本を手にした。そういう方も多いのではないかと思います。もちろん，職業に対してまっさらな立ち位置にいる状況で，この資格の将来性に着目した方もいることでしょう。

　土地家屋調査士の世界なら大丈夫です。あなたが目指す実力の世界が待っています。自分の能力を信じて努力を続けてください。組織にいた頃には納得できなかった職場環境も，そして定年という仕事人生の区切りも，自分自身の手で決めていくことができるのです。最高でしょう。

　ところで，皆さんは受験勉強と試験内容から，この仕事に対して「測量」のイメージを強く持っているかもしれません。しかし，土地家屋調査士は国土交通省ではなく法務省傘下の資格です。測量技術と法律技術によって，国民の財産である不動産を分析・調査するのが土地家屋調査士の仕事です。皆さんが思うよりも測量の割合は少ないでしょう。ですから，体力的な面から言えば，女性でも年齢の高い方でも，幅広い年代層がチャレンジできる仕事だと考えることができます。

　また，受験の段階では土地家屋調査士の専門性の全容はなかなか見えないと思いますが，間違いなく将来性があり，この資格だけで十分に食べていくことができます。
　ただし，誤解されている方も多いので当たり前のことをあえて説明しますが，土地家屋調査士業界にはかなりの量の業務があるものの，それらの業務を全員の土地家屋調査士が均等に受託できるわけではありません。当然に忙しい事務所とそうではない事務所があります。
　これは，皆さんがよくご存知の専門資格者である弁護士や医者の仕事でも同じです。お客様サイドに立って考えてみれば，本当に困ったときに頼りにするのは，どこのどんな弁護士でも医者でもよいはずがありません。お客様の問題や心配を解決できる実力が無ければ，プロとしては生きていけません。同じように土地家屋調査士もプロとして確かな実力のある事務所が，お客様から信頼され，結果として多くの仕事を受託

し，成果を上げているのです。

　受験して資格を無事に手にすることができたら，まずはひととき合格の喜びに浸りましょう。仕事との折り合いに苦労して勉強してきた方もいるでしょう。何年もかかっての合格かもしれません。しかし，肝心なのはここからの意識の持ち方です。試験合格時点において，皆さんは「土地家屋調査士になった」のではなく，「土地家屋調査士になるスタートラインに立ったのだ」と考えなければなりません。なぜなら，合格した時点で皆さんが身に携えているものは，受験勉強で学んだ土地家屋調査士の「知識」です。それは，土地家屋調査士業務をこなすための「実践力」とはほど遠いというのが現実だからです。

　実力に応じて評価される世界は，ここからが勝負です。プロとして実力のある専門資格者となるためには，「勉強を日々継続して行う」「地道な努力を惜しまない」「この道で食べていく覚悟を持つ」というこの三つが最低ラインで要求されます。ひととき合格の喜びに浸った後は，全力でこの三つに気持ちをシフトさせましょう。そして，気を引き締めてこのスタートラインに立ってください。

　では，この三つに向き合うことを自分に課した上で，ここから実際にどうやって実践力を身につけていくかということになります。

　この土地家屋調査士という資格は，能力認定型や企業内資格などの他の資格とは異なり，独立開業前提の資格です。ですから，合格後すぐに独立する，いわゆる「即独」を検討する方もいるかもしれませんが，私は即独はお勧めしません。試験合格時点の知識だけで即独しても，土地家屋調査士業務はほとんど何もできないでしょう。だからこそ合格後も継続して勉強することが必須条件となるのです。

　「合格して，開業して，しばらくは我慢でやり過ごせば仕事が舞い込んできて，安定していく」と思ってはいませんか。それは「入社して，どこかの部署に配属され，待っていれば何かしらの仕事が与えられ，その中で食べていける」という会社組織における年功序列的な考え方です。この本を手にした皆さんは，そういう生き方を望んではいないはずだと私は受けとめています。

　力を着実に蓄えていくためにまず取るべき行動は何か。それは，あなたの将来像に近い土地家屋調査士事務所で補助者として学ぶこと。これが理想であり，第一歩でしょう。適切な期間での補助者勤めは，その後の独立・開業を考える際，自身の方向

性を見極める大切な学びの期間となるのです。

　では，学ぶべき事務所はどのように選ぶのか。補助者として仕事にどう向き合えばよいのか。補助者修業のメリットとデメリットは何か。独立に向けて世話になっている事務所との関係性をどう考えればいいのか。開業までに必要な実力とは何か。開業資金はどれだけ必要で，何に使うべきなのか。開業の場所はどのように選ぶべきか。どうすれば受託ができるのか…。

　資格を手にした瞬間から疑問は果てしなく出てくるでしょう。不安は大きいと思います。

　この時期に持つ悩み，疑問，不安というのは，同じ状況の方々に共通している内容がとても多いものです。これらに対する具体的な解決案やヒントを私の過去のブログから現在のブログの中に繰り返し書いてきました。迷ったら一度ご覧ください。

　不安などを抱えると，解決のための情報を集めようと思い，その近道としてついネットに頼りがちになります。しかし，ネット検索の深みにはまり，ネットに漂う膨大な書き込みの中の誤った情報や匿名の無責任なぼやきを読んで，土地家屋調査士業界に失望してしまう新人をこれまで何人も見てきました。そのような責任の所在が曖昧なサイトにあなたのこれからの人生をゆだねてはいけません。

　皆さん，全国各地どこの地域にも誇りと自信を持ってこの専門資格の仕事に携わり，事務所を経営している土地家屋調査士たちがいます。正しい情報が欲しかったら，皆さんが今後仕事をしていこうと考える場所で，実名で頑張っている土地家屋調査士たちのリアルな話を直接聞くチャンスを探しましょう。そして，あなたが尊敬できる先輩土地家屋調査士を，ぜひ自分の目と耳と足を使って見つけてください。実力を携えていきいきと前向きに仕事をしている先輩たちこそが，皆さんのこれからの大切な指針になるはずです。

　補助者勤めをしていてもどうしても先がみえない方や，今すぐ答えがほしい方は，私のガイダンスに来てください。電話やメールでの個別相談も可能です。また，さまざまな事情を抱えていて補助者勤めができない方などには，経営編，建物編，土地編に大別して私が行っている合宿形式の塾がお役に立つかもしれません。困っていることがあれば，どうぞご連絡ください。

　この仕事は学歴も年齢も性別も関係ありません。みずからの頑張りがものをいう世

界です。意識を持って補助者として学んでください。きっと将来が見えてくると思います。

　実力を身につければ，あなたの人生を一新させることができます。

　改めてもう一度言います。土地家屋調査士はとても良い仕事です。
　まっすぐ進んでください。あなたの望む気持ちの良い世界が待っています。

　応援しています。

PROFILE

すずき・おさむ◆鈴木修土地家屋調査士事務所代表。宮城県土地家屋調査士会会長，日本土地家屋調査士会連合会東北ブロック協議会会長，日本土地家屋調査士会連合会理事・監事を歴任。
〔ブログ〕http://fermatadiary.blogspot.com
〔ガイダンスや鈴木修塾の問合せ先〕　mucha@rr.iij4u.or.jp

【著者略歴】

木村　真弓（きむら　まゆみ）

LEC 東京リーガルマインド専任講師

ハウスメーカー，不動産賃貸管理会社勤務を経て平成16年土地家屋調査士試験合格。その後，平成24年より講師として登壇開始。目標は土地家屋調査士の認知度を上げること，関わった人が全員合格すること！

土地家屋調査士になりたいと思ったらはじめに読む本

2023年 6 月10日　第 1 版第 1 刷発行
2024年 9 月30日　第 1 版第 6 刷発行

著　者　木　村　真　弓
発行者　山　本　　　継
発行所　㈱中　央　経　済　社
発売元　㈱中央経済グループ
　　　　パ ブ リ ッ シ ング

〒101-0051　東京都千代田区神田神保町1-35
電話　03 (3293) 3371 (編集代表)
　　　03 (3293) 3381 (営業代表)
https://www.chuokeizai.co.jp
印刷・製本／文唱堂印刷㈱

© 2023
Printed in Japan

＊頁の「欠落」や「順序違い」などがありましたらお取り替えいたしますので発売元までご送付ください。（送料小社負担）
ISBN978-4-502-46241-2　C2032

出題傾向に基づいた解説内容を2色刷りで
見やすくレイアウトした最新の簿記学習書

大幅リニューアルでパワーアップ！

検定
簿記講義
◆1級〜3級／全7巻◆

◇日商簿記検定試験合格へ向けた最も定番の全7巻シリーズ。

◇各級・各科目の試験に要求される知識を，出題区分表に準拠して体系的に整理している。

◇わかりやすい解説とともに豊富な例題・練習問題で理解が深まり，巻末の過去問題で試験対策も行える。

◇姉妹書「検定簿記ワークブック」と連動しており，検定試験突破に向けて最適のテキスト。

1級　商業簿記・会 計 学　上巻／下巻

渡部裕亘・片山　覚・北村敬子［編著］

工業簿記・原価計算　上巻／下巻

岡本　清・廣本敏郎［編著］

2級　商業簿記　渡部裕亘・片山　覚・北村敬子［編著］

工業簿記　岡本　清・廣本敏郎［編著］

3級　商業簿記　渡部裕亘・片山　覚・北村敬子［編著］

中央経済社